提高利润的78个方法

[美] 鲍勃 · 费福尔◎著
聂传炎　张安毅◎译

四川科学技术出版社

图书在版编目（CIP）数据

提高利润的78个方法 / (美) 鲍勃 · 费福尔著 ; 聂传炎, 张安毅译. — 成都 : 四川科学技术出版社, 2018.8（2024.3重印）
ISBN 978-7-5364-9172-4

Ⅰ. ①提… Ⅱ. ①鲍… ②聂… ③张… Ⅲ. ①企业管理 Ⅳ. ①F272

中国版本图书馆CIP数据核字(2018)第200545号

提高利润的78个方法

TIGAO LIRUN DE 78 GE FANGFA

著　　者　（美）鲍勃 · 费福尔
译　　者　聂传炎　张安毅

出 品 人　程佳月
责任编辑　周美池　李珉
封面设计　烟雨
责任出版　欧晓春
出版发行　四川科学技术出版社
成都市锦江区三色路238号　邮政编码：610023
官方微博：http://weibo.com/sckjcbs
官方微信公众号：sckjcbs
传真：028-86361756
成品尺寸　145mm × 210mm
印　　张　6.25　字数150 千
印　　刷　河北京平诚乾印刷有限公司
版　　次　2018年11月第 1 版
印　　次　2024年 3 月第 7 次印刷
定　　价　45.00元

ISBN 978-7-5364-9172-4

邮购：四川省成都市锦江区三色路238号　邮政编码：610023
电话：028-86361756

目 录

第一部分 准备好了吗?

第二部分 创造企业文化

第三部分　削减成本

第四部分 增加销售额

第五部分　我的一点忠告

第一部分
准备好了吗？

1. 谁应该阅读这本书

你对公司的利润在意吗？你想在生意场上让利润翻倍吗？如果你在意，你应该阅读这本书。

但现实是，大多数中层管理人员和许多高级主管，乃至于福布斯500强的首席执行官们，对利润关心得都还不够；他们希望业务能够不断发展，员工关系和谐，士气高昂，或者希望周游世界，广交才俊，等等。某些小公司的老板更关心经营活动的细节，而不是企业的财务状况（即盈利状况）。我要对这些读者说：虽然这些都值得被关注，但读一下这本书吧，或许它能让你更好地了解盈利的重要性，以及如何才能盈利及获得更多的收获。

而有些公司的管理人员确实在关注公司利润，并对公司的最终效益感到不太满意。我劝这类人士务必读读这本书。如果你认真读过本书，并运用在公司的管理上，公司的利润肯定会增长，甚至可能会翻番增长。

2. 要有盈利的决心

本书的建议来自两类实践经验。一是在过去 15 年中，我为超过 1/5 的福布斯 500 强企业担任顾问，同时也是无数中小型公司的顾问。我见识过多种管理手段、管理风格和战略，能够客观地从外在角度区分它们的好坏。企业最突出的问题就是过度关注风尚和过程本身，而不是最终效益，这个问题暂且留待后文详述。二是近 11 年以来，我也领导着我自己的公司 Kaiser Associates，并使之成为业界迄今为止最赚钱的公司。给员工发放工资和招揽客户等经历让我在盈利问题上收获良多，这是我以顾问身份从事咨询业务所完全无法比拟的。促使我写这本书的原因有二：一是我自己的公司利润逐年增加；二是我在其他公司中发现了许多不合时宜的做法。如果你效仿我的做法，你也能收获到同样的成果。

当然，开办公司远远不止是盈利。你必须领导、激励和培训员工，富有创意地确定产品和营销策略，确保自己能够给客户提供优质高效的产品或服务，等等。然而，本书的论述重点是盈利，因为利润总是贯穿经营管理始终。盈利，公司才有资本来激励员工，帮助他们建立令人激动的职业生涯，投资新产品、业务和技术。利润微薄的公司必然士气低落、产品特色等变得乏善可陈，从而导致上至管理层下至员工对业务方方面面的投资都不够热心，不够积极。要学会赢取高额利润，然后所有其他东西都会随之而来。

特别声明的是：利润增长两倍通常是很保守的估计。如果严格按照本书中介绍的方法去做，大多数公司的利润都能够增长到最初的 4 倍、5 倍乃至 10 倍。

本书第三部分介绍了削减成本的具体方法。通过这些措施，你的业务利润能够在 2~6 个月内获得显著而稳定的增长。第四部分介绍了如何增加销售额，从而进一步提升最终效益。在谈论这些话题之前，本书第二部分介绍了创造良好的企业文化，更恰当地说是领导方式。它对于实施第三部分的削减成本策略和第四部分的增加销售额策略来说是必不可少的。这种领导方式实行起来既简单又困难。说它简单，是因为它不需要商业、会计或任何其他领域的高学历，也不需要深入了解任何特殊的模型和系统。大部分做法都源于纯粹而简单的常识。

那么，为何很少有公司实践这些方法并获得丰厚的利润呢？我们知道，许多管理人员其实并不关心利润。另外，有些管理人员确实在关心利润，但他们却缺乏盈利的决心，无法坚定不移地按照本书中建议的方法来管理他们的团队。要让利润翻倍，公司领导人必须坚韧不屈、公正无私，乐意让自己和公司其他成员竭尽全力扭转和改善公司现状。要想让利润翻倍，你只需要拥有坚定的决心，并遵照本书介绍的方法按图索骥，循序渐进。换句话说，如果你真心想大幅度增加利润，并且能够毅然做出决策，那么，利润翻倍就是轻而易举的事情。

现在，请静下心来，愉快地阅读这本书，利润就在拐角处等着你呢！

第二部分
创造企业文化

3. 建立公司标准

每个公司都需要有明确的、专注的、最重要的目标。有些公司会将其称为“使命”。但问题在于，这些目标和“使命”十有八九都是错误的。

每 10 个公司中，有 4 个公司的失败原因在于其使命描述的宣言仅仅是些悦耳动听的陈词滥调或时髦话语，诸如“我们的员工将竭诚尽力，提供优质的产品和服务，满足客户的需求，与此同时，我们会成为可靠的企业公民，关爱企业周围的环境和社区”。

剩下的公司中还有 5 个公司的使命描述的宣言言之有物，但他们仍然失败了，因为其宣言没有指向恰当的目标。这些使命宣言声称，本公司的主要目标是提供如下产品和服务，并（或）利用如下技术，来服务于某某市场。但问题在于市场、产品和技术都只是实现目标的手段，而不是目标本身。

任何公司的目标或主要宗旨应该非常简单：成为优

秀的公司。要告诉公司中的每个员工，无论是我们这个公司，还是我们每个人，都是优秀的，都不会满足于较低水准，这比所有其他方式都能更好地激励员工，鼓励他们认真工作，并最终提高效益。

4. “最优秀”的定义

最优秀意味着 3 点。

（1）我们永远不会安于现状。只要我们能够确定哪些目标还没有实现，我们就会在这些方面竭尽所能，努力前进。

但要注意的是，这并不意味着“加班加点”。我的经历证明，工作时间与结果基本无关，我永远不会督促我的员工长时间工作，乃至于考察或记录他们工作了多少天，多少小时。如果你思考你每天、每周或每月的生活，你就会发现，真正有意义并富有价值的事情，往往是在几分钟或几秒钟内完成的，因为你在当时获得了重要的洞见，达成了重要的交易，或鼓励了某个重要下属的积极性。当你在工作中保持平衡而不是忙乱不堪的时候，这些事情更可能发生。这在不同程度上适用于你的大多数员工。要想利润翻倍，最重要的是营造恰当的企业文化。“最优秀”意味着不断思考、不断努力、不断完善自我，只要还有某个目标未曾实现，就永远不要满足。

（2）我们的公司是公正的。这意味着根据绩效来分配收入、职务和精神奖励，而不是根据资格、好恶或其他因素。而且要按照员工的表现分等级奖励之。

读到这里，部分读者可能会失去兴趣。许多管理人员都不喜欢公正的理念。公正管理需要管理人员毅然做出若干影响众人的决策，然后当面告诉他们。任何人都不想做恶人或讨厌鬼，有时候我们会错误地觉得，当我们给予半数人的奖赏低于另外半数人时，我们显得非常刻薄。

这种负罪感完全是错误的。不管你喜不喜欢，大多数人在考虑取舍时都会承认，我们生活在讲资本的社会。我们应该为员工提供培训和支持，帮助他们不断进步。但我们不能无视绩效的好坏，不分青红皂白地向他们提供保障。说得更准确一点，如果管理人员拒绝实行真正的公正管理，那么对于优秀的员工是不公平的，因为他们并没有因为其良好表现获得与众不同的奖励。

如果你是一个不太感情用事并关注最终效益的管理人员，那就扪心自问："我宁愿让谁感到不满呢？是表现优秀的员工，还是表现不佳的员工？"如果让最优秀的员工感到开心，你能取得更美好的成就。（通过这种方式，你不用看工资单就能迅速确定某个企业是否在运用公正的管理方法。在公正管理模式中，较差的员工会抱怨；在论资排辈或其他管理模式中，表现优秀的半数员工会抱怨。）

如果你是个心肠很软的管理人员，那就不妨效仿我的做法。在聘用新员工时告诉他们，你的企业采用公正的管理模式。如果他们表现优秀，他们就会获得丰厚的报酬。否则，他们可能会对报酬感到不满，你们之间迟早会互相炒鱿鱼。雇用员工以后，在日常业务经营之中，要不断采取多种方式和他们沟通，让他们知道，公司的管理是公正的。要将公正管理的标准定义得非常清楚：如何衡量业绩？不同业绩水平对应什么样的报酬？然后按照你所定义的标准去奖惩员工的绩效。换句话说，要兑现你的诺言。如果你这样做，你对所有当事人都是公平的，不必有任何愧疚感。你甚至会发现员工很感激你，夸你是他们遇到的最优秀的管理人员。

创建公正的管理模式不能停留在嘴皮子上，不要告诉员工你会根据绩效奖励他们，但与此同时，表现优秀的员工和表现不佳的员工之间的薪水差别却相对很小（比如 10% 或 20%）。公正的管理模式意味着当员工乐意做出更多贡献或进步时就提拔他们，而无须考虑年龄、资历，或者落在后面的人是否会感到不快。

如果你不创建公正的管理模式，员工永远不会认为你当真关心业绩、结果和利润。你的员工会想："他说他想盈利。然而，比尔增加了最终效益，史蒂夫毫无功劳，但比尔得到的报酬并没有远远超过史蒂夫。"如果你做出了惊人而果断的举动，比如，根据绩效来提拔、奖赏和解雇员工——让大家都看得清清楚楚，你就会惊讶地发现，员工们很快就会专心致志地提高最终效益。极少有企业真正尝试过这个办法，但事实上它百试不爽。

（有人曾经告诉我，采用以绩效为导向的薪资体系以后，员工平均只需 5~7 秒钟的时间，就能专注于实现这些绩效。）

（3）我们的目的是为了盈利。告诉员工，我们想要盈利越多越好。要确定一个企业是否“最好”，利润是最准确和最全面的衡量标准。利润能够衡量客户对我们的产品和服务的重视程度，以及我们向客户提供价值时的组织和运营效率。利润对所有人都有好处：它向股东提供了钞票，向管理人员和员工提供了工资，并且可以用于投资，以便促进增长，而这反过来又会创造报酬丰厚的就业机会。利润下滑，对我们每个人来说都是灾难。

5. 关注利润天经地义

据说有些管理人员是这样看待利润的：如果将利润作为主要动力，员工永远会无动于衷——如果只是为股东们卖命，他们为啥要关心呢？我在现实中的实践完全驳倒了这种看法。员工不仅关心，而且希望，无论是对他们的企业还是他们自身，都有明确的绩效与成果衡量标准。

如果你说“我们的目的是让股东赚钱”，员工当然会漠不关心。如果你说“我们的目的是（让每个人和整个集体）成为最优秀者，在方方面面都尽可能充满创造力，以便不断进步，取得更多成就，让每个人都能获得与自身绩效相称的报酬，并通过将最终效益最大化来实现这个目标”，员工就能够理解并深受鼓舞，专注于合理的目标。关键是信息交流要全面，同时要言出必践，令出必行。

永远不要为追求利润最大化而充满歉疚：这绝不会

错。如果你乐于心安理得地追求利润，你的员工也会这样做。

6. 要的是结果，而非过程

我发现很多公司，尤其是大公司，在过程上所花费的时间、精力和金钱令人难以置信。其中有些过程的称谓很时髦：总体质量、团队建设、战略规划，诸如此类。当然每个概念都有其价值、时机和重要性，然而，许多公司却没有轻重主次之分，完全没有经过严格的考究，就最终效益而言，花费的这些努力经常会得不偿失。

任何想要让利润翻倍的管理人员，都必须本能地对过程抱怀疑态度。必须严格地探究企业对于过程的任何投入（员工的时间就如同现金开支，同样也是一种投入）：假如我们获得某个概念以后，我们当真需要采取正式而冗长的过程去实施它吗？或者，我们利用常识就能迅速直接地完成它呢？如果答案是“我们需要让人们参与进来”，那就追问“除开这种冗长而低效的过程之外，不能利用常识来迅速地让人们认识到这个概念的重要性吗？”如果口述就能解决问题，就不要写备忘录；如果备忘录就能解决问题，就不要召集大家开会；如果 1 小时的会议就能解决问题，就不要开 4 小时的会议。最重要的是，通过取消无用的会议，你可以立刻节省大量的时间和金钱。同时你可以通过行动来表明你非常注重结果而不是过程，以此来说服员工，让他们也采取同样的做法以节省出好几倍的时间。

过度关注过程是平庸无能的管理人员的借口。我曾经听过某个首席执行官说："我们其实没有公司战略。让我们成立工作组，来规划公司战略吧，然后，工作组在 6 个月以后向我汇报进展。"他所任职的这家专业公司拥有 90 亿美元资产，而他则担任了 15 年的首席执行官。如果经营某个公司达 15 年之久的管理人员无法在 10 分钟之内清楚地阐释他 / 她的业务战略，那么，这个管理人员这些年都在干啥呢？（答案：可能在制定流程。）大多数公司过度注重流程的原因可能在于以下几点：

（1）该企业的领导人没有清楚地表明，利润是企业全部的努力目标。

（2）管理人员翻来覆去地想要证明他们具有细致而完善的流程（也就是说，他们很善于花钱），这比证明他们确实在为公司赚钱要更容易些，因此他们舍难取易。

作为企业领导人，你应该学会让自己和所有其他人都真心关注最终效益。

7. 战略性 & 非战略性成本

在我的公司以及其他运营良好并利润丰厚的公司中，所有成本可以被分成两类：

（1）战略性成本。指能够吸引业务并增加最终效益的所有成本。这类成本包括：销售人员工资（而不是销售经理）、广告费用（如果广告有效的话）、商业研发费用。

（2）非战略性成本。指所有其他成本，也就是经营业务的必要成本，但不能明显吸引更多业务。各种各样的管理成本也应归入其中：管理人员、秘书、租房、地产、顾问、律师、会计、计算机、办公用品等等的费用支出。通常，这类成本也包括制造或服务运营的成本。

在我的公司中，所有成本报表（顺便说说，这类报表非常少，如果你不留意，成本核算也会变成新的流程）被分为两类：战略性成本和非战略性成本。每逢我公司中的管理人员开会讨论新目标、新投资或如何增加最终效益时，我们都会不假思索地分析每笔开支是战略性开支，还是非战略性开支。

理由很简单，也非常充分。领导角色就是确保：①我们要比竞争对手花费更多的战略性成本，不管生意好或坏，这笔钱都不能少。②我们要毫不手软地将非战略性成本削减到最低限度。

如果坚定不移地贯彻这些简单理念，那么，它比我们构想出来的最详尽复杂的管理学专著或流程都更有助于实现利润最大化。然而，95% 的企业和管理人员并没有以此来创造巨大的竞争机会。

让战略性成本开销超过竞争对手需要智慧和判断力。你必须区分哪些销售、广告和研发支出确实能够增强市场实力和最终效益，而哪些支出可能是得不偿失的浪费性开支。没有任何人可以为你提供具体方法，帮助你做出这种判断。卓越的管理等于 80% 的艺术加上 20% 的科学。要始终不断地利用这种智慧和判断力，区分哪些是真正有益的战略性开支，哪些是非战略性开支。这会让你的工作充满挑战和乐趣。最终，你必须能够确定哪些是有益的战略性开支，确保自己的战略性成本开销（若绝对数量上达不到，就采用收支百分比的形式）远远超过竞争对手。通过增加真正有意义的战略性成本支出，你就能快速发展业务，筑起你的生意大厦。

“毫不手软地将非战略性成本削减到最低限度”需要坚定地质疑每笔非战略性支出：如果不能证明它是必需的，就省去这笔开支。我认识的某个管理人员在每次接管新企业时都会贯彻如下措施：下令立刻取消所有例行报告和电脑自动生成的报告，并立刻不再生成和发送所有纸质报告。然后，当不再接收到重要报告的员工大声抗议时，他就下令重新生成相应的报告。两个月以后，当抗议声完全平息下来的时候，被索要和生成的报告数量只占原先的 40%。

平均而言，每个公司每个人只需 0.9 平方米的办公室面积，而不是现有的 1.8 平方米，人均计算机的配置量至少超出了 3 倍。（你计算过自己公司的计算机的利用系数吗？结果会让你大吃一惊。）

就我个人来说，我真心相信这些。为了实现利润最大化，为了最大限度地削减非战略性成本，你必须秉承这些信条和怀疑精神，先把最大的精力花在鉴别所有的成本上，然后再把不必要的成本全部剔除。

8. 不要过度关注数字

我的父母都是数学家，我的兄弟姐妹和我从 8 岁起就学习微积分。在大学里，我主修了两年数学，在这期间我看够了教授们为了证明某个简单的命题而写出满满三块黑板的内容。数学专业背景在很多方面都让我受益良多，但是作为商人，我必须忘掉自己学到的所有数学知识。永远不要花任何时间去量化你已经知道答案的东西。如果有合理的高利润，也永远不要花时间将其量化。

我最近和某个小型医药保健公司的负责人谈话，该公司决定支付 5 万美元咨询费，量化整个市场的规模。这家公司知道自己的市场份额远远不到 1%，但它想知道整个市场规模是 20 亿、30 亿还是 40 亿美元，也就是说，它自己的市场份额是 0.2%、0.15% 还是 0.1%。这又能说明什么问题呢？与量化庞大的市场相比，这个公司在企业内部所做的事情，反而会更多地影响其最终效益，以及它能否增加 0.1% 的市场份额。说得更中肯些，这 5 万美元可以花费在许多其他方面，这都能够立刻增加其销量。（或者，不花费这笔钱，而直接用来增加最终效益）这个例子可能有点极端，但却很有代表性。大多数公司都乐意通过量化方式来了解各种事情：量化他们花费的时间和金钱，结果却没有增加最终效益。

某个企业的管理人员，他坚持让员工按月份、季度、年份来预测未来的利润，然后频繁地更新这些预测数据。然后他让部分优秀的员工来生成这些预测数据。但是，这会附带产生更多的不利影响：员工把大部分精力花在预测利润上而不是增加效益的具体工作上。

没有任何公司因为预测多赚过半毛钱。这个公司需要做的是将利润最大化，而不是预测利润。在大多数公司中，我都会建议削减 80% 专门进行预测和数据处理的人力资源，利用节省的成本来赚钱，而不是数钱。

在哈佛商学院读书时，有个教授曾经教给我们下面这种技巧。每当你需要做决策而你又举棋不定时，不妨这样做：给自己留两秒钟时间做决策。不要等到以后，现在就决定。抓紧时间，两秒钟已经过去了。好，现在你决定好了。两秒钟所做的决定和经过大量研究以后所做的决定最终都是相同的，从无例外。

自从我学到这种技巧后，多年来我每次使用它都非常有效。

大多数管理人员要求员工提供的数据，都远远超过了他们的真实需要。优秀的管理人员相信直觉，大多数时候都能根据有限的数据来做出正确决策。缺乏经验的管理人员所坚持的量化模式其实是错误的：他们往往是根据可以量化的信息来做决策，而不是根据重要信息来做决策。而在任何商业决策中，判断和评估大多数重要因素需要的更多的是经验和直觉，而不是量化的数据。正如谚语所说，“宁要模糊的正确，不要精确的错误”。

9. 不要过分授权，也不要大权独揽

不要期望企业中的众多员工都拥有和你这个主管完全相同的专长、判断力和追求利润的决心。任何真正重要的事情，任何真正会影响到最终效益的事情，都必须由你本人做决定。所有其他事情，如决策和执行之前的所有准备工作，以及耗时费力的来电回复等事宜，你都应该委派他人完成。优秀的管理人员只做 1% 的事情，就能给整个企业增加 50% 以上的效益，因为他们能够根据自己卓越的专长和经验，做出真正能够增加利润的决策。

这就是为什么最近特别流行高管高薪制。毫无疑问，通用电气公司的 CEO 杰克・韦尔奇和其他优秀高管人士给各自的公司所创造的价值，远远超过了他们的薪酬。而事实上，他们每周为公司创造的新价值甚至可能超过了其年薪。而对于那些平庸的首席执行官和管理人员而言，他们从不拒绝任何流程，也不关心利润，没有真正

创造新的价值，因此，他们获得的薪酬超过了他们所做的贡献。问题的实质不是高管的高薪制，而是高管是否称职。

下放权力是非常时髦的做法。事实上，它甚至有个时髦的说法叫“授权”。如果被授权者能力强并着眼于企业的利润，这当然很好。然而，授权绝对不是好事，也不是工作的最终目的。如果你没有关注利润，而将企业的权力全部下放，作为领导者，这是一种不负责任的行为。

普通的管理人员在研究业务时过于注重细节（过分量化），而在管理时却粗心大意（过度放权）。优秀的管理人员却相反，他们大略地了解业务，却在管理上注重细节。

10. 无限度地满足客户，你就会破产

你可以采取很多方法来让公司的产品脱颖而出，并获得很高的顾客满意度。如提供更好的产品质量（梅赛德斯—奔驰）、更好的服务（迪士尼）、更广泛的选择余地（玩具反斗城）、更好的品牌形象（联邦快递）或同时满足上述几种要求。如果能做到这一切当然是好事，但是，所有这些都需要花钱。记住，企业利润最大化的目标并不是无限度地满足顾客，而是向顾客提供他们愿意为之付钱的那些东西。

这不是不对的行为，因为如果你提供的产品中加入了客户不喜欢的额外产品或服务，却让他们为此支付更高的价钱，他们迟早会跑掉。

本田汽车只有 4 种颜色，2 个款式，其竞争对手通用汽车却是花样多多，颜色、音响、发动机、座椅等不计其数，这增加了制造和配送成本，但顾客更倾向于选择没有额外成本的本田汽车，导致其最后被本田汽车打

败。本田汽车避开了这些不必要的成本，将节省下来的资金用于改善和提高标准配件的质量，回馈客户。

L'eggs 彻底颠覆了女士连袜裤行业并创造了巨大利润，因为他们知道，当女人们例行公事般地购买日常用品时，她们并不想为百货公司的豪华氛围而额外支付大量钞票。

在确定向客户销售什么产品时，确保恰当的平衡是盈利的秘诀所在，这需要卓越的判断力，这也是开办公司的真正乐趣所在。你必须想办法提供优质的产品服务，否则你就卖不出任何东西。因此你需要训练企业中的绝大多数人——销售人员、设计师、营销人员、企业家。但是又由谁来负责剔除那些成本昂贵却不受顾客欢迎的产品呢？这说不清楚。因此你必须在企业内部创造一种“抓住顾客愿意花钱买什么”的文化，这点至关重要。

“最大限度地满足顾客”是老生常谈之语，根本站不住脚。（如果你当真想最大限度地满足客户，那就将价格降低到零，让他 / 她免费到夏威夷旅游，每月免费送他/她1辆轿车。当然，你最终会破产）因此，无论你考虑的是顾客的满意度还是企业的最终效益，最明智的做法是设法了解你的顾客愿意花钱买什么，什么东西他们只看不买。

11. 战略性 VS 非战略性时间

成本有战略性与非战略性之分，同样，时间也有战略性与非战略性之分。

- 战略性时间指所有能够产生利润的时间。
- 非战略性时间指按照流程要求变得忙乱不堪却没有创造利润的时间。

作为领导，你必须善于用行动和言辞与人交流，而行动胜于一切。如果你改变自己的时间管理法，并鼓励周围人也这样做，你会惊喜地发现，整个公司的表现都会随着你的变化而变化，因为员工会注视领导的一举一动，并由此决定自己的行为。

人们会对你的非语言信息做出回应。你是怎样做事的？你有多关心结果？你在时间上抓得紧吗？对于每天所做的耗时而无益的事情，你的忍耐度有多大？想想你最近主持的会议，有必要让 9 个人在房间里讨论 4 小时吗？他们的发言有用吗？珍妮特必须从始至终出席整个会议吗？迈克呢？卡伦呢？你在无意中给他们传达了这样一个信息：过程和惯例比结果更重要。卡伦如果不听迈克发言，她可能已经给几个客户（如果是潜在的客户，那当然更好）回复电话了。如果这样，不是更能有效地利用他们的时间吗？

毫不夸张地说，在你的企业中，你每天将大把的时间浪费在了无用的事情上。我并不是说你应该禁止员工在办公室讨论篮球比赛的输赢，禁止员工在冷饮水箱旁边聊天，甚至禁止员工偶尔出去打一场高尔夫球。但是，你必须取消大量浪费时间的会议，让他们不再填写无用的表格，以及既无聊又不创造利润的其他活动。

优秀的领导者应该向其组织传递如下信息：

A. 我们是个出色的公司，在这里工作会令人倍受鼓舞。

B. 我们的目标是为了盈利。

C. 我们还有许多目标有待完成，许多机会有待把握。

D. 我们组织的每个产品、每件事，花费的每 1 分钱、每 1 分钟都是为了赚取利润。只要有利于这个目标，我们就要坚定不移地努力。

E. 我们要珍惜和把握利于赚取利润的每 1 分钱和每 1 分钟。

你必须明白，员工到底想要什么？是为某个出色的公司工作，还是仅仅在公司中平庸度日？当你带来一个新客户或消除一些不必要的成本时，你就是在帮助这家公司。当你坐在会议室中填写表格、处理数据、倒腾无人问津的技术时，你就是在推动公司衰退，而你也使自己变成庸人。

如果你能在行动中向员工表明，你关注结果并在建设美好的未来，那些难以置信的决策就会得到员工的认可，甚至会吸引员工。记住，只有你用自己的行动每时每刻都在传达这些信息时，它们才会变得行之有效。

12. 制造危机感

无论多么重要的管理工作，花 6 个月的时间就足够了。然而，有很多工作组、顾问班子或委员会却要花更长的时间来完成。（更糟的是，花那么长的时间去规划方案，结果却不了了之）很多小公司的主管明明知道某些事情对公司的未来非常重要并需要尽快完成，但他们却花好几个月或更长的时间来完成管理工作，这对一个企业来说是致命的。

每个工作日早晨，我首先做的事情，就是将我当天必须处理的事务分列成 3 个单子。第 1 个单子中的事务包括：吸引新业务（即增加收入）或削减成本（只有通过这两种方式你才能创造利润，因为利润 = 收入 – 成本）。第 2 个单子中的事务包括：保持现有业务或保证现有内部运营系统正常运行。第 3 个单子中的事务包括别人期待或希望我完成却不能真正增加最终效益的所有事情。我只有在完成第 1 个单子上的所有事情以后才会处理第

2 类事情，处理完所有第 2 类事情以后才会处理第 3 类事情。我总是在当天中午之前完成第 1 个单子上的所有事情，因为此时我的头脑最清醒，精神最饱满。我会在下午 3 点左右完成所有第 2 类事情。有时候我会在下班前完成第 3 类事务，但如果我觉得自己很累了，就会提前回家。

我的工作顺序与一般的工作习惯完全相反。最重要的事情（也就是第 1 类事务）通常是最难形成概念并加以实施的，因此人们往往会拖延，或者首先完成相对容易，也相对不太重要的任务（第 3 类事务），因此，企业家们总是"忙忙叨叨"地在做最重要的事情。

你必须确保最重要的事情赶紧完成，但是，这不仅仅是给员工营造某种迫切感就可以达到目标的。你必须营造相应的企业文化，让员工遵循"重要任务必须在几分钟、1 天或 1 周以内完成"的指标，如果面对的工作非常复杂，那就在 1 个月以内完成。记住，一定要设定非常短的期限。如果你坚持这样做，员工就会按期完成任务。（不需要加班，学会把不能创造价值的任务剔除就能搞定）我的工作哲学是只提供极少量的时间完成重要的工作（能够为企业增加效益的），只有这样才能迫使员工去反思，确定哪些工作确实能创造价值，哪些工作不能。反过来，如果缺少时间约束，花费在某项任务上的时间，将会无限制地拖延下去。

不要以“召开会议”的形式来讨论问题，“召开会议”仅仅是为了做决策。不要接受员工在回答你时说“容我想想这个问题，回头再告诉你”。如果要做决策，还有什么东西是他们现在不知道而以后想要知道的呢？现在就做出决策，这样他们会依你的行动目标做出其他决策或取得其他成果，你的收获将是双倍数。

立刻行动能够很好地创造利润。它也能赢得员工们的赞赏。没有人会尊敬拖延者，但每个人都会钦佩“行动者”。每次在办公室里，我都会要求员工做更多事情，你可能会觉得，他们会害怕见到我。但事实恰恰相反。不断有人告诉我，当我不在办公室时，他们就提不起精神，但是，当我回到办公室并充满紧迫感时，我表现出来的紧迫感就会感染和激发他们，让他们真正干劲十足地完成自己的工作。

如果你在公司营造并保持强烈的紧迫感，员工会更加专心工作，效率更高，这能让你赢得上千倍的回报。

13. 把文化变成行动

在企业里创造永无终结的文化、行动、结果的良性循环。你可以用言语来营造注重利润的企业文化，但你要通过行动来让它变得可信。行动会产生结果，你由此可以奖励那些理应受到奖励的员工。这种奖励会促使员工相信企业文化，从而进一步巩固这种文化。所有的员工都会开始在行动中注重利润，绩效就会增长，然后新一轮的良性循环又重新开始。

那么，你应该采取哪些具体的行为，让企业的利润翻倍呢？我们先来谈谈如何削减成本。

第三部分
削 减 成 本

14. 牢牢抓住每一项成本

削减成本的首要做法，是将每种成本视为必须消灭的魔鬼。

很多人都认为成本是有益的。因为更高的成本意味着企业的规模更大，朋友和邻居会更尊重你。人们经常问我的公司有多大，有多少名员工，但从来不问有多少客户对我感到满意，或公司的总收入有多少。我会告诉他们，就员工数量（成本）而言，我们是个小公司，但就收入而言，我们是个大公司。所以成功的衡量标准应是收入，更确切地说是收入与成本的差额。

我认为所有成本就是一个一个魔鬼。我对我的生意伙伴们说："我不相信成本。"因为我就是无法相信。在每个公司中，成本都被无情地增加到了最大限度。

"不相信成本"体现在日常行动中，就是要求我们对每种成本善加利用，并想方设法削减它。当我造访某个公司，看到闲置的办公室空间、阅读杂志的接待员、闲置的计算机或转发文件而没有创造价值的管理人员时，我就会本能地看到增加利润的机会。任何成本都是可以削减的：冗余的管理人员成本、闲置的系统支出以及多余的资本支出。当然，许多成本能够经受得住我们的审核，被证明是合理的，但你的内在思维方式必须是，尽量削减每种成本。

我想说的是零成本预算的思维方式（而不是正式流程）。不要以为每件事都必须照现在这样做。相反，你必须追问："如果我削除了这种成本，收入或利润会受损吗？会如何受损？在哪些方面受损？"如果你无法计算出如何受损和在哪些方面受损，那么，你应该毫不犹豫地砍掉这个成本。

我所传授的方法适用于非战略性和战略性成本。战略性成本（例如，售货员或广告）能够产生利润，但前提是开销恰当。你必须削减所有不能产生利润的战略性成本，以便省出更多金钱以花费在真正能够产生效益的事情上。

15. 先削减成本，后提问题

管理人员常犯的错误是在削减成本时过于谨慎：“除非我们能确信削减成本 A 是正确的决定，否则就不要这样做。”

这是下策。应该说：“除非我们能够确信需要成本 A，否则就不要继续支出那笔钱了。”我曾经帮助某个首席执行官长达 5 年之久，我告诉他，我们必须证明他的组织为何需要花钱，而不是为何需要削减成本。

关于削减成本，如果你确实犯下了错误，总会有人提醒你更正，然后你可以重新追加成本。一般公司面临的主要压力是增加成本。让 X 部门雇佣 3 名新员工而不是 6 名，他们必然会来找你，说他们不堪重负。买 10 台个人电脑而不是 15 台，必然会有人要求再采购 5 台。过度削减成本以后，你会有大量机会纠正自己的错误。相反，如果支出太多，这笔钱就永远收不回来了。你必须先改变自己的思维方式，然后改变整个组织的思维方式。

如果对某个成本心存疑问，就大胆地削减它，减少开支。增加成本的趋势如滚滚涌来的浪潮，只有强大的反向力量才能成功地制止它。

16. 建立不容商量的成本预算机制

为了做到“先削减成本后提问题”，你必须确定非常严格的成本预算，让这项任务的负责人去思量如何才能不超出预算。

我曾经与某个专业服务公司合作，该公司年收入5000万美元，每个月的办公用品和服务开销要花掉25万美元。经过粗略地审核以后，我发现没有任何人尝试过控制或最大限度地削减这些成本。我告诉他们，在注重利润的企业中，办公用品开销要比普通公司（比如说这家公司）低40%。

我们确定预算时，将预算成本缩减到原先开支的60%（削减了40%）。企业负责人宣布，全部钱款都在这里，公司只有这么多支票，因此成本支出请不要超过预算。此外我们就没做出任何举动。

1个月后发现开销并没有超过预算，此后连续22个月都是如此。每年这个公司节省下来的金额为120万美元，等于 2.4 个百分点，也就是销售量的 2.4%。省下这些资金，我们只花了 15 分钟来做出这项决策，花了 5 分钟写下备忘录，并将预算公之于众，和花 30 分钟动员相关主管。

后来我们回到这个公司，想看看这些成本是如何节省下来的。结果表明，在降低消费、削减冗员以及不必要的物质享受方面，每个主管都很有创意，态度强硬。这种成本削减策略之所以有效，在于完成这件事的顺序。我们没有要求每个主管考虑可以削减多少成本，然后再反馈给我们，然后再利用这些信息来确定成本。根据我的经验看，这种办法最多只能节省 5% 的成本。相反，我们根据自己的经验和判断来确定预算，并让主管们去执行，效果更好。如果我们削减过多（在这个例子中，我们并没有这样），我们会得到反馈，并重新追加预算。

采用这种办法，可以削减任何企业中纯属浪费的大大小小的成本。它们就是唾手可得的新增利润。你只需要一定的经验外加行事果断，就能实现这个目标。

17. 让员工来问老板

下述方法也能成功地削减成本。

对于特定的成本项目，不要削除它，甚至也不要确定预算。你只需宣布说，如果有人想要在这件事情上花钱，必须征求你的许可。

许多自主项目采取这种方法，例如新家具、新员工、雇用某些类型的外部服务（临时工、市场调研等），成效非常好。有些员工会以书面形式向我阐述理由，解释他们为何需要这笔钱，我会批准确实可信的。但这类要求非常少，除开这些成本以外，以前的许多其他开销都节省下来了。

每个人都喜欢匿名花钱。没有人喜欢跳出来，硬着头皮找老板要钱，除非他所做的事情能够为公司创造价值。仅这个技巧就能将有用支出和无用支出区别开来。

在员工向你申请成本开支的时候，要确保流程相当复杂。不要创建简单的表格让他们填写。你要有点威慑力。一定要用挑剔的眼光来审视员工的开支要求，尽量予以否决。在获得这种威望以后，这套做法就会奏效：大多数人会泄气，但必要的开销要求会获得通过。如果你太随和，太心软，这套做法对你无效。

切记永远不要随意花钱或遵循惯例花钱。始终要让花钱变成很复杂的过程，必须让员工经过好几关，证明花钱是值得的。

18. 任何成本都不容小觑

这个原则非常简单。如果你向员工表明，你想在某项10美元的开销上省钱，他们就会在更大的开销上省钱。这适用于所有成本。积土成山，积水成渊。要细心审核每项成本，员工会重视你传递出来的信息。而且，如果削减所谓的小额成本，节省下来的总额会非常惊人，因为此前根本没有人将它们当回事！

要持之以恒，证明每项支出都是值得的。

19. 不用担心，员工会尊重你

有些管理人员担心，如果他们过于积极地削减成本，员工会认为他们很小气，喜欢与员工作对。但是如果你善于处理事情，这种担心是完全多余的。

坚定的信念与出众的能力会让你赢得尊重。如果只是信念坚定却无能，你就会招致员工的不满。相反，如果你足够优秀，员工会尊重你。

其实，大多数管理人员都足够优秀，但他们并没有意识到这点。重视成本削减和盈利并致力于使公司成为最优秀的，通常只需要你有强大的决心即可。如果你下定决心，以利润最大化为目标，你成为优秀的管理者只是小菜一碟。如果你不屈不挠，你就会变得很优秀；如果你很优秀，员工就会敬重你，而不是心怀不满。正如心理学家所说，这种敬重会促使你变得更加坚韧而优秀，从而产生卓有成效的“良性循环”。

20. 员工的适应能力远远超出你的想象

每当我削减某项成本时，就会有人对我说："你不要指望某某员工或员工群体能够忍受它。"但实际情况是，当这种调整执行6个月以后，就没有人记得以前的状况了。员工会迅速适应公司的每一种变化。

5年以前，我将公司在华盛顿哥伦比亚特区的办事处从中心城区搬迁到了郊区，这节省了几十万美元的租金。公司的部分管理人员争辩说不能这样做，因为我们直接从大学招聘了部分员工，他们并不想生活在郊区并来回跑动（他们住在城区）。当时他们竭尽全力，再三阐明这种理由。

我的答复是：我们是个出色的公司，并能提供很好的工作。员工会适应新环境，如果确实给某些忠诚的老员工造成了不便，他/她甚至可以为此得到补偿。然而，不省这笔成本是毫无道理的。

去年，我们取消了邮寄所有同城包裹的信使服务。

每年节省成本2万美元，对于我们这种规模的公司来说，这并不是个小数目。当我宣布这项变动时，员工说：“你怎么能这样做呢？以后怎样邮寄包裹呢？”

6个月以后，我们适应了这种新变化。有些包裹由员工上下班时顺路捎带，有些供应商会开车来取包裹，公司再也不用支付每单40美元的费用。最重要的是，看似不可能的事情，如今已经习惯性地融入我们公司的日常工作之中。

几乎每件事都是如此。由于你对公司的惯例完全习以为常，所以你会觉得，削减某些成本显得有些激进。然而，在经过很短的时间以后，这些所谓的激进变革会变成惯例，完全不会造成任何危害。员工们会调整自己的预期和惯例。节省下来的金钱可以用于更重要的开支，包括员工的工资。

21. 从最容易的地方（供应商）着手削减成本

许多管理人员觉得必须削减成本，但他们不愿让自己的企业承受“痛苦”。削减成本的最轻松方式，就是跟供应商砍价。

你只需付出相对很小的努力，就能节省很多成本。你所购买的产品与服务在你的公司总成本中占了百分之几？对于许多公司来说，这个数额高达50%，甚至70%，很少会低于20%。如果企业购买的产品与服务（简称为“采购”或“采办”）等于总成本的50%，即便你只削减8%，那么，你的最终效益也增加了大约4个百分点，这会对盈利率产生很大的影响。

采购意味着重要的盈利机会，但是经营业务的管理人员基本上都忽略了它。管理人员非常关注客户，积极管理着业务链的终端。他们也非常关注员工并用心管理他们。然而，采购通常被视为行政问题，是不值得高管们关注的细枝末节，或被视为“乔的问题——他是我的采购员，我会让他操办”。

我经常向管理人员提出下述问题：“如果你能在今年年底将利润提高 2 个点，你就能拿到 100 万美元的奖金，否则就拿不到。在这种情况下，你觉得应该怎样提高这 2 个点——是让客户支付更多钱呢，还是让供应商降价呢？”他们总是回答“让供应商降价”。这就是说，他们默认自己在与供应商议价时，做得不够好。

我曾经受聘去降低某个铁路货车制造公司的成本。在我到达公司的当天，他们就带我去工厂参观，并让我会见所有的生产主管。“要削减工厂的成本，”公司的负责人告诉我。

过了不久，我放弃了日程安排表，要求和公司的负责人面谈几分钟。我问他：“你的生产成本占多少比重，采购成本占多少比重？”在拿到若干资料后，他告诉我他们采购的货车侧板、尾件和底盘的成本占总成本的 80%。生产成本占总成本的 10%，剩余的工资成本占 10%。“你上次研究如何减少生产成本是在什么时候？”

我问。“哦，我们每两年就会研究这件事。”他语气肯定地说道，“但显然这还不够。相对于竞争对手，我们的成本仍然偏高，仍然没有很高的利润。”我接着问：“你上次研究如何削减采购成本是在什么时候？”他回答说，“哦，我们只采购钢材、涂料等。哈里干得非常出色。”我解释说，将采购成本削减 5% 就能将总成本降低 4%（80% × 5%）。而为了省下同样数额的钱财，生产成本就必须降低 40%（40% × 10%），但这是不可能的。

我们开始狠抓采购成本，将它降低了 9%，也就是说，将总成本降低了 7.2%（80% × 9%）。单单这项举措就让公司的利润翻倍。

22. 永远不要让采购人员定价

你必须明白，全权委托采购人员与供应商议价，是很糟糕的事情。他/她始终都在与供应商沟通，非常了解供应商，他/她会情不自禁地与供应商培养个人感情。因此，你无法指望他/她现在和未来会完全铁面无私，在谈判中为你争取到可能的最低价格。这就需要用某种外力来破坏这种人际关系，迫使供应商主动降低价格。

我不是说，采购人员当真无法与供应商谈判。而是说你不应该将谈判事宜完全交托给采购人员，而应设法迫使采购人员尽可能向供应商压价。

下面我们来谈谈施加这种必要外力的几种方法。

23. 你需要有人来扮黑脸

你需要有人来扮黑脸。这个人可以是公司的领导、特别任命的采购议价全权代表，某个职员或管理人员，此人要特别善于谈判，恪守底线。（找到这种人以后，要尽力善待他们，并且始终都要如此。他们会给你带来数百倍的回报。）当然，你也可以找公司外部的顾问，但前提是你需要赋予他/她外出谈判并有效执行的权力，而不仅仅是让他/她提供建议。

不管这个人是谁，都必须为你扮演黑脸。这个人的作用就是审查每种采购品的成本（先从金额最多的物品着手），然后发布强硬的、看似武断的限价指示，然后由采购人“很不情愿地”将这个指示传递给供应商。“我帮不上忙，乔治，劳拉说这是我能支付的最高价格。我也认为这不公平，但我也没办法，你我都尽力了。你愿意（按照这个新价格来）接受这笔交易吗？”

任何谈判课程或教材的首要原则是限制谈判代表的

权力。谈判代表有权接受对方所做的让步，但他/她自身无权做出让步。要将这个原则运用到采购中去。

24. 宣布冻结价格甚至降价

下面介绍的方法几乎会立刻增加你的利润。向所有的供应商发函，说世道艰难，你此后（或12~18个月以内）不会接受涨价，因此（打算涨价的供应商）就烦请不必发货了。

半数的供应商会忽略你的信函。（如果你坚持不懈，其中又有半数供应商最终会让步）另外半数供应商会冻结价格，取消涨价计划。这样你就为当年的生意省下了大笔钱财。

现在再来谈谈高级课程。照旧向供应商发函，但这次不是宣布你不接受涨价，而是要求全面降价3%。要确保这封信函由高层人士发出，态度要强硬——最好由CEO发函，同时要求谈判代表（采购人）不得让步。你会惊讶地发现，许多供应商都会降价3%。对于那些不肯降价的供应商，在收到账单以后，让采购人从账单上扣除 3% 并说：“你没有收到本公司 CEO 的信函吗？你想做什么，让我被解雇吗？”此时又有大量的供应商会让步。

25. 经常比价

可以试着考察自己的公司。对于自己购买的50件最大宗的（也就是说，最花钱）物品，你上次为其中每件物品主动比价是在什么时候？很可能其中许多物品超过1年都没有认真比价了。对某些物品来说，可能是3年、5年，甚至从未主动比价。

没经过比价就接受价格上涨，就是浪费钱财。（试着通知供应商，他们每次涨价，你都会重新比价。这样，涨价的次数很快就会减半。）

对于每件重要或不那么重要的物品，每年至少都要采用下述两种办法中的任何一种：积极比价或者（如果这样做很困难的话）就告诉你的供应商，你在这样做。这几乎同样有效。

我们有个办公服务供应商，我们为此花了不少钱。6年以来，我们都在聘用这家公司。上个月，我派人去要求她降价，她说：“抱歉，我们的价格已经很低了。我无法再降价了。”我又打发人去提醒她，我们购买的服务占了该公司业务总额的 10%，她当然可以再降价。她回答说：“我真心感谢贵公司，但我已经向你提供了我所有客户中的最优惠价格。我无法再降价了。”最后，我差人打电话给她，告诉她我们已经停止合作，并会让另外四个供应商竞价投标。如果她愿意投标的话，我们欢迎她投标，但既然我们已经无法接受她的价格，她或许就不必白费力气了。她当天就降价 20%，并告诉我们，她会更深入地了解情况，以便找到其他方式来降价。

我们从未招标，也没有打算这样做。这是不必要的，因为我知道她不愿意失去我们的业务。

26. 供应商拒绝时就反复攻击之

当供应商说“不”时，它很少意味着“没门儿”，而仅仅是“我不想”。

我惊讶地发现，许多人都会将最初的答复当作最终结果。记住，这只是谈判而已！再三地砍价，他们往往会让步，因为他们不想继续跟你纠缠下去，想要着手做其他的事情。

记住，与你谈判的供方代表是个营销人员，而营销人员往往是世界上最差劲的谈判专家。他们只想达成交易，并不太关心价格。要让他们真心认为，只有降价才能达成交易，这样价格就会暴跌。

27. 购买产品预算砍掉 15%，购买服务预算砍掉 30%

对于购买服务来说，省下 30% 的成本是可行的。供应商往往把成本设定得很高，以不同价位出售的服务几乎都能产生利润。对许多产品而言，省下 15%（甚至更多）的采购成本完全没问题。

对任何采购支出都可以省下 30% 和 15% 的成本吗？当然不是。因为对有些采购支出，可以省下更多成本。平均而言，你购买的服务或产品，削减 30% 和 15% 的成本是不错的结果。如果你没有做到，只削减到这个金额的 75%，你仍然可以省下一大笔钱。

28. 摸清竞争对手的支付价格

如果你觉得已经要求供应商将价格压到最低了，还有一个步骤可以帮助你将某些重要采购品继续压低价格。即摸清楚竞争对手的进货渠道，以及他们的支付价格。必然有某个或好几个竞争对手的支付价格比你低许多，即便是纸张等所谓的日用品也是如此。然后利用这些数据：你可以到竞争对手的供应商那里，要求和他/她达成同样的交易。或者你可以将这些数据告诉你的供应商（这招大多数时候都管用），你要表现出很恼火的样子，因为他始终都对你说，他提供给你的是最优惠价格，这时，他通常都会立刻降价。

要怎样才能搞清楚竞争对手支付的价格呢？有时候，你可以通过小道消息打听，或者通过你的人脉打听。你每次付出的努力都会得到上百倍的回报。

29. 减少购买产品和服务的数量

压低被采购品的价格可以带来盈利的机会，同样，减少购买产品和服务也能节省更多的金钱。

这包括常见却花钱不少的采购项，也包括非常重要的采购项，以及极其花钱的采购项。有人限制你使用办公用品吗？你购买的计算机硬件、软件和服务呢？你限制工厂的浪费现象吗？你如何利用外聘顾问：工程顾问、人事顾问、管理顾问等？即便在不必要的情况下，公司的每个员工仍然习惯性地采用快递服务吗？有个在纽约市摩天大楼中办公的大型金融服务公司发现，他们每个月向同一座大楼中的同事寄送联邦快递包裹就花费了数千美元。在问及此事时，有个员工说，他必须用联邦快递将邮件从 42 楼寄送到 13 楼，因为这比公司内部的邮寄系统更快，也更可靠。我对他的回复是，让我带你进电梯吧。

在每个公司，员工使用被采购物品和服务被视为天赋的权利，不应该受到任何质问。如果不能采取明智的做法，最大限度地限制使用采购品，就意味着浪费数额巨大的利润，也意味着领导者在公司的关键问题上没有承担起责任。

接下来，我们讨论可以减少使用哪些采购品。

30. 不要迷恋电脑

计算机可能是公司管理中最不当的单项采购品。许多管理人员在接受教育时，个人电脑还没有广泛普及，和年轻并熟悉电脑的下属相比，他们处于劣势。即便是熟悉电脑的管理人员和员工，也往往对较为复杂的计算机技术抱着不同程度的恐惧。更糟糕的是，企业中的许多人士被苹果电脑和大型主机的功能搞得晕头转向，将不断提升的计算机功能视为必不可少的目标，而不管这种功能的完善是否能够补偿其成本开销。

计算机的“性感”以及人们对计算机的无知，导致许多管理人员放弃了责任，将计算机采购决策交托到了信息系统管理人员和单个用户的手中。这类似于让室内装潢工来自行决定需要花多少钱来装修你的住宅。

我的公司员工曾要求我同意将某个部门的系列软硬件升级换代，以便公司向客户提交打印报表。“我们为什么需要花这笔钱呢？”我问。“因为我们的系统太旧了。”他回答说。“拥有最先进的计算机系统并不是我们公司的目标，”我说，“赚钱才是。你再说说看，我们为什么需要将这些设备升级？”他回答说：“由于我们的系统太旧，我们的员工有时不得不等 3~4 分钟来加载旧文件，然后才能开始操作文件。想想我们可以省下多少钱！”“好，”我说，“我们来算算这笔钱。我们这个部门的员工平均薪水是多少？他们每周有几次会碰到需要等待 3~4 分钟的情况？为此所花费的工资成本是多少（假定他们在等待期间无事可做，这本身就是不太可能的假设）？为解决这个问题而将设备升级换代的成本是多少？要花多久的时间才能确保节省下来的时间成本能够付清升级换代的预付成本？”

我们开始做这个算术题。要在 26 年以后，我们才能收支平衡。毋庸讳言，我们没有采购这批升级设备。

我惊讶地发现，当人们想要为他们的计算机系统花费更多金钱时，他们常常以“提高生产率”为由，而与此同时，很少有人去真正量化这些利益，对预付成本进行盈亏分析。（我想）你不会那样建造制造厂，但你却会那样购买电脑！

当然，许多的电脑采购决策是合理的，但也有许多情况并非如此。追求利润最大化的优秀管理人员有责任区别这两种情况。

计算机系统的性能使用情况也是节省成本的重头戏，对个人电脑来说尤其如此。如今，在我见过的所有大公司（以及许多小公司）中，每个人的办公桌上都有 1 台个人电脑。有些员工经常使用这些电脑，离不开它们。其他人可能每天用 15 分钟，甚至每 3 天才会用 15 分钟！许多金钱就这样被浪费掉了！我们应杜绝这种浪费，在许多情况下，这都能做得到。在其他情况下，可以在公共区域配备公用电脑。

现在，你想增加你的利润吗？那就立刻停止采购个人电脑。如果有新员工需要电脑，就将很少使用电脑的员工的那台电脑挪给他 / 她用。你要花很多年才能赚回被浪费掉的投入。（实际上你也许永远赚不回来。你可能还没来得及赚回被浪费的个人电脑投入，你的员工就会辩解他们需要新电脑，因为旧电脑已经过时了。）

关于计算机，最后要提醒的是：计算机的趣味性导致许多员工会利用计算机来完成工作，而事实上，手工完成这些工作会更省钱。我见到人们用计算机生成许多报表和数据表之类时，安装和录入这些数据所花的时间超过了用手工完成相同事情所花的时间。我有个邻居（企业高管）最近在用本地电话公司的电话缴费系统。电话缴费不可能比签写支票并用信封寄出更加节省时间！电话缴费系统浪费了时间和金钱，但它很好玩。

如果这是家庭事务，无所谓，但如果这种行为损害了公司的利益，那就有问题了。

要好好管理公司的计算机。请不要迷恋计算机，也不要逃避它。否则，它会让你花掉数不清的钱财。

31. 盯紧研发活动

研发活动是个很老的话题，有时候却是大问题。

高管不肯审核研发活动的原因，类似于他们不肯管理电脑的原因。高管往往是公司中最有见识的人士。当他们与科学家和工程师讨论研发活动时，他们觉得插不上话。最好的解决方法就是将研发活动留给科学家们，相信他们知道自己在做什么。

幸运的是，科学家们确实了解科学；不幸的是，他们不知道如何盈利。但是，当你将研发活动交给他们时，你相信他们能够同时处理好这两者。

人们会说，贝尔实验室是世界上最好的研发机构。我会追问"这意味着什么呢？""和世界上的所有其他研发机构相比，他们拥有的博士人数更多，从事着更先进的研究工作，关注着更前沿的领域。"也许是这样的。但可能不幸的是，它们及时提供给市场的商业化产品，也少于世界上的任何其他研发机构。你说它们是最好的研发机构，还是最差的研发机构呢？

其实，节省研发成本也没有什么神奇之处。它仅仅需要你严密地关注，这包括如下原则：

（1）你是如何严格审视公司的其他成本支出的，也适用于审视每项研发支出。

（2）不要让科学家或工程师们与你讨论科学问题。如果他们不能用通俗易懂的语言向你解释公司的某个特定项目的价值，不要拨款。要坚持做到这点，不要因为缺少科学专业知识而感到沮丧并因此放弃或让步。如果他们不能用通俗易懂的语言来解释潜在成果的价值，你如何来管理它，你的营销人员又如何销售它？

（3）要求你的研发团队将整个项目的支出分成五类：

a. 纯粹而基本的研发活动。

b. 有关新产品的研发活动。

c. 完善现有产品的研发活动。

d. 有关流程的研发活动，也就是说，能够降低生产或运营成本的研发活动。

e. 有关客户的研发活动，也就是说，让科学家和工程师们与客户打交道，根据客户的需求和用途来定制产品。

这个框架有助于让研发人员采取通俗易懂的语言来沟通，并让他们从业务和盈利的角度来考虑研发项目。最优秀的、最赚钱的公司在第五类（有关客户的研发活动）和第四类（有关流程的研发活动）的开销上远远超过竞争对手，而在第一类（基本研发活动）的开销上则远远低于竞争对手。他们在第三类开销上往往会稍稍超过竞争对手。效益低下的公司往往会将这个模式反过来。

还有几个方法可以帮助你弄明白，你的研发团队是否以利润为导向。

（1）哪些人在研发团队中获得奖赏（提拔，或登载上内部研发简报等）：是做出了重大科学成就但不能盈利的工程师，还是完善生产流程以便将每 1 磅产品的成本降低 0.5 美分的工程师呢？通常是前者，但为了盈利应该是后者。

（2）你的研发团队能够熟练地将技术从公司的某个部门转移到其他部门吗？通常来说，技术转移不是科学家们关注的重点，他们都喜欢自己搞发明。要确定良好的制度，确保业务部门 A 能够与业务部门 B 共享技术改进的成果，然后你可能就会发现，你只需要半数的科学家就够了。

（3）你的“技术使命宣言”是怎样的？是为了推动技术发展，还是采取具体的、面向客户的、降低成本的方式为公司赚钱呢？技术团队的所有交流和负责人（首先是你）都应该注重后者，注重更明确的目标。科学家或工程师们自己不会这样做，因为这不符合他们的本性或他们所接受的教育。如果你本人无法从研发支出中获得最大利润，你就会浪费大量的钱财。

另外，削减研发成本遇到的阻力比较小，因为科学家都是非常聪明且善良的人。每当我与研发团队共事，向他们解释公司的使命和他们的职责时，他们几乎立刻就能明白过来，并积极地做出必要的改变。科学家们不关心政治，他们只需要你具备卓越的领导能力。

32. 削减日常开销

无数的日常开销项目意味着巨大的盈利空间。你应该削减这些日常开支项目，并向员工表明，你非常重视全面削减成本，并身体力行地奉行这个准则。你可以采取如下步骤：

（1）头等舱出差。禁止每个人出差时乘坐头等舱，包括你本人。我乘坐头等舱出差 10 年并乐此不疲。后来，我让每个人（包括我自己）都改乘经济舱，并在几个月以后就习惯了新的做法。如果你有心工作的话，你在经济舱同样可以高效率地工作，并且只花几美元就可以买到任何你想喝的饮料。如今当我坐经济舱时，我觉得很不错：它符合我的整个管理风格。我不需要宽敞的座位和大堆食物来证明自己是个重要人物，公司运营良好更能让我感到精神振奋。

（2）其他出差。许多人时不时地想要出门旅行，要确保你的员工无需要时不出差。

（3）开销清单。最好由你本人来审核或抽查每个月的开销清单。当你发现有人花销不当或花销过度时，就给他们发送便函：你被逮住了，这次放过你，再犯就不客气了。这名员工的开销清单至少在此后的1~2年之内不会再出问题。

（4）家具。冻结公司在家具上的全部支出。在今天这个时代，你总可以找到某些闲置的桌子、椅子或书架。假如你让员工自由决定，他们总是会买新的。如果你要他们动动脑子，他们总是能够在公司的某个角落找到闲置的好家具。如果某个人确实需要买新东西，申请必须获得你的许可，由你决定是否购买。你始终要倾向于不购买，必要时可以例外。

（5）办公用品。我在前文中谈到过办公用品。我从未见过有哪个公司在将办公用品预算直接削减40%以后就忍受不了的。只管削减就是，员工会迅速地适应。在某些公司，办公用品供应商会来公司实地盘存，然后自己下订单。绝不要让供应商这样做，理由再明显不过了——供应商会将订单写得足够长，你就等着付钱吧。

（6）复印机和办公设备。你当真需要这么多复印机或其他办公设备吗？难道员工们不能多走几步路去复印吗？（而且，多走几步路可能会让他们减少不必要的复印。）要取消或不再续签部分复印机合同。

（7）维修合同。取消或不再续签全部的复印机、个人电脑和办公设备的维修合同。你知道这些合同的价格是怎么计算出来的吗？供应商们精细地确定了维修合同期限以内可能需要消耗的零件和人力，并且在你购买的保险中增加了大量费用。然而，复印机（或任何其他物品）的维修都是低价开支项目，你不需要为此投保。如果要为公司有大风险的物件投保，最好自办保险，节省下来的额外开支可以存在银行中。

（8）订阅。这成了陈词滥调，但不失为好办法。你当真需要订这么多份《华尔街日报》吗？员工不能传阅吗？你的图书馆当真需要这么多杂志、数据服务和报告吗？在普通的公司中，75% 左右的订阅量都可以取消，并且对公司没什么影响。

（9）电话。首先，当你打长途电话时，要确保你在使用便宜的长途交换机。其次，不要对电话设备更新换代。每个人当真需要配备具有复杂按键和功能的电话吗？大多数员工并不需要。最好是公布政策，禁止员工打长途私人电话。然后要抽查电话账单，当你发现有人违规以后，立刻发送措辞严厉的便函，告诉他 / 她下次违规会处以重罚。只要对 2% 的员工这样做，剩余 98% 的员工很快就会知道这个消息。我曾经供职过的某个公司，在发送这种便函以后的第 1 个月，长途电话费就降低了 50%。

（10）和供应商签订合同。除非迫不得已，不要签订这种合同，同时也要阻止你的员工签订这种合同。世事变化无常，好商人（采购商和供应商）都善于变通。合同会让你长期支付某些成本，而你可能并不需要这些产品或服务。合同也会让你很难纠正错误。如果我的员工开销不当（花钱购买了我们不需要的东西），我可以阻止这种开销。如果他 / 她签了 2 年的合同，我就要长期忍受这名员工的错误。

33. 严控办公面积

在美国，似乎每个人都想拥有自己的办公室。在很多企业中，每周出差3天或超过3天的人都拥有自己的（闲置）办公室。这简直是一种巨大的浪费。事实上，在你的企业中，很少有员工当真需要自己的办公室。另外，办公室大小往往超过实际所需。接待室通常是多余而浪费的。

就办公空间而言，你需要奉行的原则非常简单。选中某个便宜的郊区地段。只要有可能，就将每单位空间中的员工人数增加2~3倍。消除宽敞明亮而又通风良好的中心闲置区域。办公室的大小应该考虑其实用性，而不求奢华。这会提高生产效率，因为这会让员工觉得工作氛围更严肃，不能浪费时间。

在斟酌2~3遍以后，再让你的公司花钱解决办公空间的问题。在大多数地区，租用办公室时租方可以压价。你需要不断调整，不能让办公空间过大或使用不当。拥有自己的办公楼会让你无限风光，但是，十有八九，它最终会让你财务亏损。切记，如果你没有做房地产生意，那就不要打肿脸充胖子。

34. 你想获得员工关注吗？放弃你的办公室

在我的公司中，我过去拥有很大的办公室：空间很宽敞，地毯很罕见，家具也很昂贵。几年以前，为了配合削减成本的举措，我放弃了那间办公室。事实上，我放弃了任何办公室！无论是在名义上还是在日常运营中，我都是这家公司的负责人，但我没有办公室。

我的秘书将我所有的文件都存放在她的办公桌上。如果我没有出差与客户洽谈业务，来到公司以后，我会使用出差员工的办公室。如果需要召开会议，我会借用会议室。这个方法极其有效。

你能想象得出，当我拒绝某个员工的开支申请时，这些举措让我的话多有威信吗？我向他们表明，我很重视削减成本，甚至乐意拿自己开刀。

如果你很勇敢并真心想要赚钱，那就尽量这样做。除此以外，没有任何其他东西能够更清楚地向员工和你本人表明，你真心想要实现利润最大化。

35. 亲自签写所有支票

我在自己的公司削减成本时，除采用了所有上述方法外，还增加了新招：亲自签写所有支票。

这不是说，由我本人来签写所有支票，支票是由我的出纳员签的。但在她有权签写支票以前，她会将每张账单和支票交给我审批。我们每个月会面两次，沟通半小时，这样就非常高效地完成了所有这些事情。

这个新招带来了巨大的变化。在过去，当我审核成本报表却没有审核账单和支票时，在成本报表的分项累积中，许多信息都看不到。但是，在审核每张账单时，你就会惊讶地发现大量不必要的隐性支出。这可以让你更好地了解钱是怎样大把花掉的，同时，许多以前必不可少的东西也忽然变得无足轻重了。

如果公司规模很大，你无法签下所有支票，那就每个月“签”50%，或25%，或10%，甚至于2%的支票。

这件事无论如何都要做，你会发现以前不知道的大量成本节省空间和利润空间。

36. 严格审核你的资本性支出

会计师给成功的企业管理所带来的最大危害，莫过于提出了“资本性支出”这种成本概念。开销 100 万美元的管理人员立刻发现利润下降了，而根据会计师的说法，在资产折旧开始起效以前，开销 10 亿美元的管理人员却毫无损失。

资本——工厂、资产和设备都需要花费钱财，应该像管理任何开销项目那样留心管理它（事实上，需要更加留心，因为其数额往往要大得多）。

然而，大公司却非常反感于控制资本性支出。我曾经为某个资产高达 80 亿美元的公司设计了一套系统，以便评估该公司拟定的资本性支出。该公司的首席执行官事后告诉我：“你知道，这是我们首次真心问自己，我们当真需要投资建议吗？当真需要这样花钱吗？”考虑到这个公司几十亿美元的资本性支出，这种话非同寻常。

在这个公司中，还有一个高级主管（集团副总裁）

以严格控制成本而自豪，只有涉及资本时例外。他每年会要求（并得到）4亿美元，但他并没有证明潜在的资本收益。当员工向他申请5万美元的市场调研费用或100万美元的广告费用时，他会让他们碰上满鼻子的灰，但是，当他花费4亿美元的资本性支出时，他却没有这样严格审核。

资本是活生生的金钱，其数额非常巨大。要认真审核你的资本预算，这样你的最终效益会增加数百万美元。

37. 延迟付账

延期支付是降低当年成本的轻松办法。（但这种方法只能使用 1 次）大多数供应商宁可花很长时间等待你付款，也不愿失去你这个客户。

要不断地延长支付期限：延长 45 天，然后再延长 60 天，然后再延长 3~6 个月，只要供应商能够忍受就行。除非供应商至少催过两次款，否则绝不要付款。你会惊讶地发现，有少数供应商会拖 2 年以后才会开口向你催款。

38. 净空库存

在订购某种物品之前，要确保这种物品的存货已经少得不能再少了。无论是工厂，还是办公用品，这个办法到处都适用。

公司的订购人员不会这样想。他们订购“仅仅是为了安全起见”。他们订购的数量非常大，这仅仅是因为，他们在短时间内就不必再给供应商打电话了。

如果你能延迟 30 天付款，降低库存 15 天，你就能将当年的产品和服务成本降低 12%[（30+15）/365]。如果你的财务系统并没有这样汇报成本和利润，那就忽略它，因为你的财务系统是错的。你在 45 天中没有买任何东西，你就节省了这 45 天的成本。这些省下来的钱会增加你的最终收益。

39. 如果你从未解雇过员工，你就不是一个好的企业家

现在该关注员工了，削减这方面的成本可能要痛苦些。

回到本书的开头，为了打造优秀的企业并创造良好的业绩，需要采用公正的管理模式（根据绩效给予员工不同的奖励）。在任何员工人数较多的企业中，必然会有不合格的员工，当你的标准很高时尤其如此。如果这些表现欠佳的员工能够保留其职位和薪水，你就不可能令人信服地向其他员工表明，你信奉公正的管理原则。

如果你招聘到合适的员工，给予员工良好的培训并知道如何激励他们，你几乎就不需要解雇某个员工。我的用人标准不逊于乃至超过了许多公司，在 15 年中，我仅仅解聘了员工总数的 3%。不解雇表现欠佳的员工是错误的，它会导致你的企业运作失调。

我解雇了极少的员工，每次解雇都是合情合理的，解雇对公司其余员工产生了积极而深远的涟漪效应。每

次解雇员工以后，你几乎能明显地感觉到，其余每个员工的工作效率都会提高好几个档次。那些绩效靠后的员工由于害怕失业会这样做，而绩效靠前的员工则看到绩效不佳者无法逃避惩罚，也会大受鼓舞，努力提高绩效。这样可促使他们好好工作，因为他们的公司是真正采用公正的管理模式的公司。

数年以前，我的公司在某个地区有两位高级管理人员。其中有位高管我称他为阿尔，他生来就天赋过人，做着很体面的工作，然而不知何故，他无法发挥他全部的真实潜力。我想尽了各种方法来激励他，但都毫无效果。另外那位高管迈克尔则表现不佳。他动辄发号施令，忙个不停，然而他其实并没有增加公司的最终效益。

我解雇了迈克尔。为了安抚自己的良心，我给了他高额解雇金。接下来的那个星期，阿尔在我的办公室问我："我也会被解雇吗？"我坐下来，列出了他需要完成哪五件事情才能不被解雇。他在三个月以内完成了所有这五件事情，如今，他表现优异，是公司的重要功臣。

阿尔很有才干。然而，只要他认为他的待遇和所有其他人相同，他就会随波逐流。当我向他表明我们当真在采用公正的管理模式——绩效优异者会得到奖励，绩效不佳者会被解聘时，他自身的心理障碍就消失了，他受到了激励并保持着工作积极性，真正的天赋也得以展现。

如果你从未解雇过任何员工，你就无法让你的公司的优秀员工脱颖而出（当然也不能实现利润最大化）。

40. 保持人手紧张

员工在工作时间内可以从事两类事情。首先，员工在日常安排中做些富有成效的事情，由此增加公司的最终效益。其次，如果这些事情不足以打发掉上班时间，员工就会找到大量其他事情来做，显得忙碌不停，这样就能将时间安排得满满的。

从管理学角度来看同样如此。管理许多员工时，管理人员首先保证，所有真正重要的事情都有效地完成了。这时候发现人手富余！怎么办？安排他们做一些不重要的事情，还是让他们无效率地完成某些重要的工作呢？

我会这样来解决问题。当我公司中的某个部门要求增派新人手时，我会予以拒绝；当他们再次要求时，我还是会拒绝；当他们第三次要求时，我仍然拒绝。如果他们最后强烈抗议说，必须增派人手，否则他们就无法正常工作，此时，我会调查此事，并让他们招聘新员工。

这种做法能够把无效和没有必要的工作排除在体系

之外。真正忙的员工会安排轻重缓急，并且只做那些真正有价值的事情；更重要的是，当员工向管理人员报告人手不够时，管理人员也必须按轻重缓急来安排工作，让工作更有效率。换句话说，管理人员必须善于管理。

如果人浮于事，必然会导致管理变得散漫、无效。帕克森有句名言：“只要时间许可，工作总会拖到最后。”此外还有条定律就是：“只要人手许可，工作总会人浮于事。”

上次员工来主动告诉你他/她的部门中人浮于事是在什么时候？只有控制人手才能提高工作效率，并消除无效的工作。

41. 工资设定要平衡

在一个运营良好的企业中，确定薪水时需要保持平衡：慷慨的平衡。你不能首先自诩为优秀的企业，要求每个员工注重利润，杜绝各种浪费，然后说："但我们无法付你非常优厚的薪水。"那你肯定不能成为一流的企业。你必须慷慨地支付薪水，这样员工才能感受到，他们在与你共享创造高利润企业所带来的效益。

但是，也需要平衡。如果你的慷慨大度变成一种人人都有的东西，如果薪酬和绩效脱节，整个企业文化、整个系统以及企业的最终效益就会每况愈下。

在运营良好的企业中，确定薪酬标准时需要遵循三个原则：

（1）对于直接影响到企业最终效益的员工，其平均工资应该大大高于其他公司中的类似职位。你必须尽你所能留住这些员工并让他们保持干劲和热情。

（2）对其他员工，你支付的薪酬也应该高于其他公司，但不必太离谱。

（3）将薪酬与员工的绩效以及他们对最终效益的贡献密切挂钩。

切记，慷慨大度并不意味着工资可以随意改变。将高工资付给值得付的员工。如果重要的员工要求涨工资，除非你当真认为应该涨工资，否则就不要让步。重要员工与不可替代的员工是两回事。某个睿智的人士曾说，墓地里尽是不可替代的人。

你的企业文化应该着眼于：信奉利润和效率，而不是浪费；信奉高效率工作，而不是工作时间有多长；信奉公正管理，能者上，庸者下；剔除不必要的特权（你会习惯于乘坐经济舱，并使用前任员工的办公用具），但付给员工优厚的薪水。

优秀的员工会乐意在这种公司文化中工作，并积极为公司创造利润。

42. 要会调整福利

许多员工都会贬低福利的价值，他们更喜欢现钞。所以你应该支付优厚的薪水，并将福利留给那些真正重视它的少数员工。

给予福利以后，福利并不是固定不变的，有时候需要重新调整。我认识的某个企业高管最近遇到了麻烦：他的公司有良好的医保方案，公司为员工买健康保险。每年他都会向员工宣布，他又要为这个方案多付钱了，涨幅等于消费者物价指数（或平均通货膨胀率）。如果平均通胀率为 4%，他需要为员工增加 4% 的保险费用。

然而，最近几年，保险公司的保险费几乎每年上涨 15%，但他仅同意多支付 4%，并告诉保险公司缩小医保覆盖范围，以便使整个成本增加不超过 4%。这就是他以后提供给员工的医保福利。

有些员工质问他为什么要这样做，怎么能缩减医保覆盖范围呢？他的回答是，他为员工的医保支出没有减少，而是增加了 4%。他们反驳说，即便他增加支出，员工的医保覆盖范围却变小了。他的回答是：“哦，写信给你的议员吧。”他的意思是说，全国保费上涨的问题不是他制造出来的，这不是他的错。

他的方法不一定适合你的公司。重要的是，福利不是天赐的权利，它不是一成不变的。对于福利，任何管理人员都需要不断地权衡、再权衡。

43. 永远不要定期发奖金

没有比圣诞奖金更无益的公司开支了。在我所知道的提供圣诞奖金的公司中，这变成了必需的（每个人都能拿到）、与员工绩效无关的（谁愿意在圣诞节的时候跟员工较真呢？每个人不都要给员工买礼物吗）、完全可预料的事情，因此并不受员工重视。如果某种奖金或报酬成为必然，它就不再具有激励作用，而是裂变成为拙劣的管理工具。

我也不相信季度或年度奖金，即便它们是与绩效挂钩的。如果奖金写进日历中，管理者们就会丧失自行决定的权力和勇气，无法真正根据员工的绩效优劣来发放奖金。

我非常相信奖金的激励作用，因此我会采取胡萝卜加大棒的管理原则。不定期地随时发奖金才是最有效的做法。在应该发放奖金的时候，随时提供奖金；在不应该的时候，绝对不给奖金。从时间来说这不具备规律性，但从激励的作用来说，这是有规律可循的——当员工的表现或行为值得你给予奖赏的时候，他就会得到奖金。员工会喜欢这种将绩效与回报挂钩的做法。

有些管理者避开了这种方法，因为这种方法需要不断地评估员工的绩效：谁该获得奖金？谁不该获得奖金？多少奖金？如果给每个员工都发放圣诞奖金，这就容易多了。

不喜欢评估员工的管理员可以说是入错行了。我愿意通过定量评估，根据员工绩效来确定奖金应发放给哪些员工，而不是采用人人有份、不分优劣也不会受到任何质疑的考核体制。我的判断 90% 是正确（公平）的。大致正确总比绝对错误要好。

44. 头衔很便宜

我早年的导师曾经告诉我，“如果你不给员工涨工资，那就给他们一个让他们高兴的头衔。他们通常会很高兴，而且它们便宜极了。”

头衔很便宜，慷慨出手就是了。

45. 小结——员工激励法

你可以通过以下方法来激励员工：

- 把你的公司引导成为追逐利润的公司。
- 告诉员工，你希望他们具备怎样的表现和行为。
- 按照你的承诺来回报员工。
- 根据表现差异把薪酬的差距拉大。
- 如果物有所值，尽量给员工付高薪。
- 通过你的言行和管理规则训练员工，让他们向你看齐。

你要传达这样的信息："跟着我，你会学到很多东西，并得到丰厚的回报。而我要求的回报是，你要尽力做到最好，帮助公司达成目标。"

这样的话语其实是很简单的。但能够这样做的管理者和公司却寥寥无几。而能真正这样做的公司，无疑都是最成功、盈利最多的公司。

46. 企业应急策略

效益好的企业要想保持最佳状态，偶尔裁减员工就足够了。但是，如果不盈利或盈利较少的企业要想提高盈利，则需要大量裁员。很多管理者，甚至是优秀的管理者，都会避免大量裁员；有些则不会。你必须确定应该怎么做，但我对这个问题的态度是非常明确的。

几乎所有的企业都可以裁掉 1/4 的员工，而不影响其有效产出。很多企业能够裁掉 1/3 或 1/2 员工。原因有两方面：首先，很多工作都是不必要的，而需要完成的工作通常又未能高效地完成。其次，在几乎所有企业中，绩效最差的 1/4 员工都不够优秀，不能给企业带来太多价值。当然，至少公共事业部门是如此。我住在华盛顿特区，我可以告诉你，随便走进哪个政府机构或部门，看看这些人拿着纳税人的钱在干什么，你就会气得要命。

我打心底里认为，我能够帮助任何全球 500 强企业裁减 1/3 的员工，给企业节省巨大的开支，而且完全不会伤害到公司的客户。但是，我知道很多人认为这种做法很极端。如果你同意我的观点并希望这样做，请给我打电话。

47. 裁掉大多数管理人员

任何企业都有两种人：从事生产工作的人和管理人员。如果你以实现利润最大化为目标，就尽可能多地裁减管理人员。

有个朋友告诉我，他曾经想在我的公司就职，但最后决定放弃。因为他发现我的公司里有销售人员、客户经理以及办事员，但没有真正只负责管事的管理人员。而他想当管理人员。

他对我公司的评价极高。

高盈利的优秀公司总是负有更多的管理责任，需要掌管的事务也更多（每个管理人员都要直接汇报工作）。他们凭直觉知道，要想实现企业利润最大化就要减少不能直接提高客户满意度或公司效益的管理人员的成本。最好的公司有两三个非常杰出的管理人员，他们天生就善于促进利润最大化，总揽全局但又不用事必躬亲，因此这样的企业很少有官僚习气或等级之风。我宁愿挑选

1 个擅于促进利润最大化的管理人员，而不是 10 个忙于案牍的管理者。

现在告诉你一个原则：如果他是欧洲部的副总裁，那么他也应该是驻法国的（业务）经理。如果她是首席运营官，那么多个职能部门的（销售、生产、工程部等）副总裁都需要向她汇报，同时她也应该是某个部门的负责人。

换句话说，你不用特意雇用或提拔 1 个欧洲区副总裁，而只需让最出色的某国（业务）经理兼任区副总裁。因此选用几个优秀的管理者就足够了。其他人在“做事情”的同时，也应该承担少量的管理工作。这样做不仅能减少成本，还能在企业中营造脚踏实地的工作氛围：员工应该向了解市场及公司实际运作的管理人员汇报工作，而不是向那些只熟悉僵化的公司流程的管理者汇报。

48. 杜绝公司人浮于事

除了与供应商谈判不力而导致利润受损之外，大公司的利润流失莫过于人浮于事。绝大多数大型企业在法律、人力资源、财务、MIS部门以及前述的研发和工程等技术部门的员工严重超标。

美国（或者全球）的所有公司都能大量（比方说25%~50%）裁减这些部门的员工人数，并继续赚取高额利润。如果你诚心要将利润提升2倍，请从这些部门开始裁员，为了谨慎起见，你可以每次裁员5%。经过裁员的部门最多需要两个月就能重新调整工作重点，重要的工作仍旧会按时完成，而那些不太重要的工作就会被裁减掉。在此过程中，你需要确定哪些工作重要，哪些不重要。

从某种程度上来说，很多小公司也面临着人力投资过度的问题。在利润率为10%、各种管理成本占12%的小公司中，成本缩减25%（总成本的3%），就相当于利润增长30%。企业往往太过于重视客户（重视客户原本是合理的），而忽视了存在于公司自身的巨大盈利机会。

49. 堵住外聘人员的漏洞

多数大公司在裁员的同时，雇用的顾问、临时工和外部承包员工的数量会显著增加。这些人往往就是你刚刚裁掉的员工，但你现在需要支付 3 倍的工资，以便让他们重新为你做事。

任何企业都应该严格控制外聘人员。根据我的经验，至少 50% 的外聘人员是不必要的，只是在浪费金钱。

你必须与每个部门沟通：你说只要 16 个人，就是 16 个人，而不是 16 个人外加 2 个临时工、3 个顾问和 2 个兼职的外部承包员工。如果他们必须使用外部承包员工，也只能在理由充分的情况下经过你本人的批准。

50. 改变企业的日常习惯

作为领导，你应该适当地改变企业的日常运营习惯。任何这类事情都能削减成本，同时有助于营造以行为为导向的、关注效益的、反对官僚作风和繁文缛节的企业文化。

举例来说，要减少电脑打印。是的，我是说减少电脑打印。内部通知和便签尽量手写。谁说在三楼办公的经理只有通过秘书打印才能和五楼的经理交流呢？手写内部通知能够更简短扼要（有利因素），并减少秘书配备以及办公室设备和耗材。3 年前，我规定公司里几乎所有的内部通知都不得打印。当时，员工争辩说，这根本不能节省金钱，因为“秘书反正就坐在那里，他们也可以负责打通知”。但 3 年后，我们的秘书人数减少了 50%。由于消除了不必要的秘书工作，我们逐渐剔除了不必要的人员，成本削减了，利润提高了。

消除打印还有一个好处就是，你向公司员工传达了这样的信息：这是个不说废话、不搞繁文缛节的公司；我很忙，我需要见客户，需要挣钱，没时间打这些东西。这是个非常积极并能迅速感染员工的举措。

51. 减少文件传送

所有公司发送的 75% 的内部报告、成本会计报告、核算报告和文本都是不必要的,既浪费时间又浪费金钱。

想想成本会计部门处理的所有数据。（实际上，你无法想象，因为大多数数据都是你和其他决策者没有看到的。我不禁要问：既然决策者不看这些数据，他们是为谁准备的呢？）这些数据中有多少会真正影响你本周、本月或本年的决策呢？非常少。是的，你需要进行数据核算，以便满足内部评估服务（IRS）的要求，如果你的公司是公众持股型公司，则需要满足证券交易委员会（SEC）的要求。但我要告诉你：成本会计人员所处理的数据，远远超过 IRS/SEC 或你所需要的数据。要消除不必要的数据核算——它只是在浪费钱而已。

导致这种浪费的部分原因在于：不必要地要求准确。大多数企业决策都基于直觉、判断和大致数据，也应该如此。很少有决策需要会计人员准备大量准确而详细的报告。我认为准确度达到“可行动”的水平即可：如果你不确定某个数据是10还是12，那就问自己“如果我知道是10或12，我的行为会有所不同吗？”如果答案是否定的，那么就假定它是11，继续做出你的下个决策吧。

你必须重新安排数据核算的优先事宜（并缩减相应的工作），关注真正的决策需要哪些东西。

在大多数公司，定性数据泛滥是同样严重的问题。美国公司的报告往往令人眼花缭乱，这些报告充斥着战略性言辞、使命、任务、目标之类的空话，以及人力资源、团队、联合、流程之类的措辞。这些报告实际上什么都没说。我在美国公司工作以后学到的首件事情就是，人们从来不会直接地表达他们的观点。所有的东西都必须遮遮掩掩，装腔作势，上纲上线。你需要尽力直率并坦诚地对待你的员工，帮助他们学会做出真诚的回应。要教导他们，如果他们不得不发布报告或发送内部通知，就要好好表达内容，而不是最近的顾问教他们牢记在心的语言（冗长的）架构。报告应该直接而坦率，内容翔实，没有繁文缛节。

最后，不要自动抄送给所有的人。我以前是这样做的。我每次发现有趣的文章、竞争对手的数据，或者撰写内部通知时，都会抄送给所有可能感兴趣的人。

人们也以同样的方式对待我，结果我发现每天都会收到若干抄送邮件。无论你能多迅速地将文件转移到垃圾箱，要整理所有这些抄送件，仍然会浪费你的时间和精力，并打扰你的正常工作。

如今，在抄送任何内容给任何人之前，我都会思量再三。这是我希望他 / 她重点关注的东西吗？抄送给他 / 她是否会影响我要传达的主要信息？这篇文章真的值得他 / 她花费 15 分钟阅读吗？或者我宁愿他 / 她利用这些时间来给客户打电话？现在，当我真心抄送给某个员工时，这封邮件就会更有影响力，因为员工知道，我发送的内容中肯定有很关键的信息。

不要在企业里进行不必要的文件传送。要确保员工利用时间来提高公司的效益，而不是用来互相传达信息和服务。

52. 提高会议效率

我的开会规则是：在做决定时，在场的人越少越好。不要仅仅出于礼貌或者出于对头衔的尊重而邀请不必要的人参加。

会议要非常简短。往往只需要5分钟就可以做决定。几乎所有的会议30分钟就足够。几个月召开1次的会议最多3小时。优秀的管理人员应该能够每天开30个“会议”——如果你愿意称其为“会议”的话。

永远不要开会讨论问题，只有在需要做决策时才召开会议。

总之，别再认为会议本身就是目的。（“亲爱的，你今天上班干了些什么？”“我参加了一个漫长的会议，然后又去参加了另一个会议。”）你一天的工作是做出决策，打电话给客户，缩减成本，采取行动。如果你在做这些事情的时候，需要有其他人在场，这固然无妨。

但在你这样做的时候，要直奔主题，避免无意义的讨论，然后转而进入下一场会议。

53. 取消异地会议

公司的异地会议并不是必须的。这种活动开销不菲，而且占用重要员工的时间，让他们无法关注客户，产生利润。而最糟糕的是，这种会议对于公司的目标和宗旨缺乏严肃性和紧迫感。

这些会议很少能够如其声称的那样鼓舞员工的士气，许多员工宁愿待在家里陪伴家人，而不愿在外出差。士气当然很重要，但我们可以找到更好更恰当的方式来鼓舞士气，异地会议却只会浪费时间和金钱，分散员工的注意力。

54. 缩减成本的最后一步——只要可行就反复去做

在缩减成本的所有举措中，你将遇到的最大障碍是：不愿改变。人们会害怕你的所有建议，他们会告诉你那是行不通的。人们甚至会害怕明确的细微变化——他们只是习惯了以往做生意的方式。

你或许会非常谨慎，但我希望你能坚持下去。你可以采取上文中列出的许多步骤，即便它们可能只是些细小的步骤。

然后，你会看到有趣的事情发生。几个月之后，人们会调整他们的预期，适应已有的变化。他们会发现完全可以按照新规则来做生意（赚钱也更容易）。

此时，你就要回到起点，重新执行所有步骤，以便实施新一轮的成本缩减流程。人们会再次调整他们的预期。然后，你可以在不影响回报的前提下，进行第三轮和第四轮成本缩减。

即便你在首次尝试中就大幅度地缩减了成本，就像我在自己的公司所做的那样，你也必须再进行第二次、第三次和第四次的成本缩减。每次重复时你都会发现，以前看似很极端的措施现在看来不过尔尔，你的担心会因此减少。你会发现，还有其他意想不到的（甚至更大的）缩减成本、增加盈利的机会。你也会对自己压缩成本的技能更有信心，开始尝试更大胆的举措。假以时日，重复这些步骤的时间间隔会越来越长。记住，专注于利润最大化的优秀管理者永远不会停下缩减成本的脚步。

其实，缩减成本和利润最大化并非什么高深莫测的科学，它仅仅需要坚定的决心。如果你真的想要让利润翻番，如果你决心要达到这个目标，那么事情就很简单。如果你不愿意亲自出面或聘请他人来采取必要的措施，你就不可能实现这个目标。

第四部分

增加销售额

55. 没有公司，只有人

让我们从几个哲学原理开始，当你把这些原理放在一起时，它们就构成了你的推销术。

如果你是将产品销售给某个经济实体（如公司、工厂、批发商或零售商），而不是直接销售给消费者，那么创造出色销售额的首要法则就是：没有公司，只有人。你不是将产品卖给某个没有生命的、依靠量化数据来做出纯粹理性决策的机构，而是卖给人——感情丰富同时又不太理性的人（或人们）：他们所做的决定，在很大程度上也依赖于他们晚上在家时作为消费者所做出的自我的、个性化的、非理性的行为。

作为销售者，这个技巧让我受益最多。

首先，当我走进潜在客户的办公室时，我首先会观察房内陈设的图片——通常是配偶和孩子的照片——然后询问这些人的情况。图片中通常包含着若干线索，比如校服和网球拍，你可以由此了解孩子们的兴趣，并以此作为切入点，与客户开始交谈。在我成为父亲之后，我的销售能力比以前强多了，因为我更能理解客户为人父母的喜悦和担心，能够在走进房间开始交谈时与他们建立更好的关系。

通过办公室内的其他事物，你可以表达你的共鸣：运动会或运动队的纪念品、公司奖品或集体照、独特的艺术品。记住，我们办公室中所陈设的纪念品也许代表或象征着它们在我们心中占有的特殊地位，我们愿意谈论这些事物。因为这些事物对于办公室的主人具有非常重要的意义，你会发现，你只需稍稍引导，他们很快就会谈起来。你只要问个最简短的问题，他们就会讲述有关他们的女儿、高尔夫比赛以及他们钟爱或密切关注的其他事物的漫长故事。你只需要认真倾听，不停点头，表明你感同身受，这就足够了。

别忘记赞美他们钟爱的人或事物（这是在含蓄地赞美客户）。无论其他人怎么看待赞美，我所知道的永恒不变的真理就是：赞美之词总是有用的，这是由人性决定的。

更重要的是，除了最初的交谈之外，始终要记住，你的销售对象是人，而不是公司。你务必让他们说出购买产品或服务的真正原因，而不是出于理性的、表面的原因，后者几乎都不是真正的原因。

举例来说：我有个客户供职于某个资产数十亿美元的公司，他是其下属分公司的总裁，这个分公司资产 5 亿美元。他想让我（或我的对手）帮忙研究如何强化他的销售团队。我数十次提供过这种服务，可以马上写出提案，告诉他应该如何分析和强化销售团队。提案的内容透彻、全面，同时又非常沉闷——也许或多或少跟对手们提交的（不太成功的）提案相似。在这种情况下，我的提案入选的概率不超过 1/4 或 1/5。

但我没有这样做。相反，我进一步追问他。

“你为什么需要强化你的销售团队？”

“我们的市场份额在下滑，因为销售团队错失了若干良机。”

“他们为什么会错失良机？”

“我知道销售团队如何才能拥有更好的销售业绩，我们只是没有做好充分的安排，没有做好那些事。”

“为什么不呢？你碰到了什么障碍？”

“我们只是没有组织好。我知道我们应该做什么。但我们缺乏团队运作。”

此时，我感到我正在接近问题的核心。我壮胆继续追问。

“谁在阻碍你？是乔吗？（销售副总监，我客户的直接下属）”

“就是他。乔太保守了。世界早就变了，但他就是看不见。他60岁了，3年后就退休，他已经赚了很多钱，根本不管我在想什么。我做什么都影响不了他。”

“为什么不换掉他？”

“我不能这样做。我的老板乔治（公司CEO）被他蒙蔽了。乔每次看到乔治的时候，就会尽力表现自己，乔治也没有详细地了解问题出在哪里。乔的奉承起了作用，我的想法更好，乔治却听不进去。”

现在，真正的问题浮出了水面。问题不在于我的客户不知道如何强化销售团队；事实上他知道，或者说他有很好的想法。他真正需要的是知道如何影响、激励和驾驭乔，并更好地向乔治表达他的观点和需求。为此，我可能仍然会研究他的销售团队，但在撰写提案和进行研究时，我可以巧妙而有效地达成真正的目标，而不是最初所说的那些目标。

试想在我走出客户办公室时，他的感受是怎样的。他会感到释然和兴奋：“终于有人真正理解我，真正了解现实世界，而不只是想向我推销产品了。”最终的结果是，我成功地将服务卖给了他，他也知道我没有糊弄他。我之所以能够卖给他东西，是因为他看到，我能够比其他人提供更直接、更优秀的服务，满足他的需求。

在了解潜在客户真实的个人打算之前，千万不要走出他们的办公室，也不要停止追问。

人们的真实打算具备不同的形式和规模。有时他们想要获得升职，有时他们试图避免被解雇，有时他们想要扩大经营规模，有时他们试图寻找理由以便收购其他公司或投资新的业务领域。通常，他们只是要试图教育公司的其他人以及他们自己停止内斗、彼此合作，以便他们可以回家睡个好觉。但无论问题以何种形式和规模呈现出来，最终都归结为某种个人问题，而不是理性问题或公司的问题。

制订服务于客户的个人计划，并不是说要推动客户实现你自己都不相信的目标。如果我认为某个收购对公司不利，我不会单单因为客户想要这样做就为其寻找理由。相反，我会寻找其他替代方案，以便同时满足他个人和公司的需求，并说服他相信，与他自身的想法相比，这些点子拥有更充分的理由，更可能被公司接受。

当然，制订服务于客户的个人计划，并不意味着要牺牲你自己的原则（否则最终会成为你的噩梦）。而是意味着你要放弃天真的想法并明白：无益的、学术化的理性争辩，并不能让你和客户达成交易，也不能让你真正帮助到客户公司。只有在你理解了相关当事人之后，你才能做到这一点。你要向客户表明，你了解学术和真实世界之间的差异，没有所谓的公司，只有人。这是成功推销你的业务的最可靠方法。

在过去5年里，我成功地将90%的电话销售转化为最终交易。尽管不乏其他原因，但最重要的原因就是：我理解并实施了以上讨论的这些原则。

56. 让你的客户知道，你会为他挺身而出

想想曾经为你工作过的所有人。你能说出有多少人曾经真正全心服务于你的需求呢？有谁曾倾尽全部技能和精力来支持你呢？答案很可能是几个甚至只有1~2个。而你对他们做了些什么来留住他们，善待他们，关心他们的生活呢？

你需要采用同样的方式对待你的客户或潜在客户。

我会向每个潜在客户传达这样的信息：如果你聘用我，你就拥有最投入、最富有活力、最忠诚的服务提供商。我会倾尽所有的技能和潜能来满足你的需要。为了满足你的需要，我会比你自己更加努力。如果有必要，我会为你挺身而出。

现在，我们有多少人能够承受辞退某个对我们忠心耿耿的人所带来的损失呢？你愿意我为你工作，还是为你的对手工作呢？

挺身而出并不意味着免费付出各种东西。技能、精

力和服务是要花金钱购买的。然而，如果你让客户相信，你理解他的个人计划，你是个富有才能、精力充沛、忠诚的支持者，你就会惊讶地发现，价钱马上就不是问题了。同时你的客户乐意为了给你争取更多的报酬而与公司其他人员抗争。因为你是他们从未遇到过的人，他们害怕失去你，所以希望让你高兴。

57. 达成交易的五大要素

每当我想要谈成生意的时候，就会做下面 5 件事。做完这 5 件事，生意就到手了。做到其中 3 件，就很可能成交。

（1）你必须展示自己的能力：你的产品很好，你很聪明也很友善，你将提供优质的服务。这是最根本的要求，如果你做不到这一点，其他的都没用。但是单凭能力无法达成交易，因为你所有的对手也都很有能力。

（2）你必须表明自己与客户感同身受。见《55. 没有公司，只有人》。

（3）你必须让他们相信，你会为他们挺身而出。见《56. 让你的客户知道，你会为他挺身而出》。

（4）你必须说明：你不是非他们不可。换句话说，你越是自抬身价，就越能成交。

5 年前，我接到了某个大公司打来的电话，这是个总部设在欧洲的大集团，拥有 6 000 万美元的资产。90

名顶级管理人员从全球各地到佛罗里达，参加由总裁或首席执行官主持的会议。他们需要一个主讲人。有人大力推荐我，因此总裁决定由我担任主讲人。

我答应参加这个会议，并询问了具体时间。他们告诉我是两个月后的某个星期一早上 8∶30（会议从此时开始）。

我说，这不行，我周末不能出行，如果我星期一早上出发，也无法在8:30之前（从弗吉尼亚）赶到佛罗里达。

“为什么呢？”他们问。

“我周五不能出行。我要和家人共度周末。”

打电话的人挂断了电话，向总裁反映了情况，然后又打回来了。“你不知道情况，”他说，“总裁说，外面很多演说家或咨询家都拼命想要做这个主讲人，他本来可以随便挑选，但他选择了你。这是个很大的生意机会。你必须按我们的要求来做。”

我礼貌地回答说：“请告诉他，有很多人想做主讲人，这很好。他需要其中的某个人，因为我周末不旅行。”

半小时后，电话打回来了。“总裁说他会派他的私人飞机在周一早晨来接你。可以吗？”

我回答说：“没问题。”

我在杜勒斯机场上了他们的飞机，然后在佛罗里达机场的停机坪上换乘总裁的小轿车来到了会场。我做了演讲，这家公司由此成了我最大的客户。

这个故事的关键不在于是否要避免周末旅行——你自己决定即可。关键在于，在他们知道你非常优秀以后向他们表明，你并不是离不开他们，这会产生非常强大的推动作用。他们会想：“如果他那么独立，那他肯定非常优秀。就更想与我合作。”

还有个例子。我曾经带着公司里某个缺乏经验的年轻员工去见客户，我暂且将这名员工称为安。在与潜在客户见面结束时，我们需要约定下次见面的时间。客户说：“9 月 19 日怎么样？”我看着日程表，告诉他，接下来 6 个星期我都排满了，但我或许可以想想办法，腾出半天时间给他。我带着勉为其难的语气，就好像是在帮他的忙。安没有拿出她的日程表。（她是公司的新员工，几乎没有任何人和她预约，因此她的日程表是空的。）

在回公司的飞机上，我告诉安，永远不要让客户觉得你很空闲。始终要表现得很忙碌，就好像有很多人需要你，不管你是否真的如此。

繁忙自身会创造需求，空闲会导致犹豫。（“为什么她如此空闲？没有其他人想要聘请她吗？我这样做是不是很傻？”）

在每笔交易中的某个关键时刻，销售人员都必须以退为进。当客户对你的产品感到兴奋时，在他开始觉得他需要你时，你应该直接（“我们的预约满了，我不确定是否能处理你的账号”）或含蓄地（在他开始谈到要聘请你时，说：“如果要为你工作……”）以退为进。他会变得非常紧张，并紧抓住你不放。至此你就赢了。

（5）另外，让客户感到愧疚，从而将你对他本人的兴趣转化为他对你的义务。

我在工商界和其他场合遇到的人几乎都喜欢将自己

视为公平和道德的化身。如果他们认为自己错待了某人，他们就会睡不着觉。作为销售人员，你需要将他们拉向那个公平标准。如果你需要为他们承担风险，他们至少可以为此给予你公平的（金钱）回报。

这才是销售人员与客户建立私人联系并为客户冲锋陷阵的真正原因。因为如果你这样做，你就能转身看着他/她的眼睛，说："平心而论，你们公司应该付给我这么多钱。我每次都及时地帮助你们，而且会继续帮助你们；我为你们不惜任何代价；现在是你们回报我的时候了。"

这种愧疚感——人人都具有的持守公平的内在需求——非常强烈，以致你不必真正说出上面这些话。当你与客户建立私人联系并为之排忧解难时，你就会发现，只要你通过语言或面部表情稍作暗示，表明你认为自己的付出没有得到公平的回报，你的客户就会赶紧进行弥补。我的某些客户为了确保我获得公平的回报，给予我的比我想象的还要多。

请仔细思考达成交易的这五个元素。要朝思暮想，将它们内化，让它们成为你的第二天性。你会发现，你的业务会繁忙得让你不知道怎么办——这真是个甜蜜的问题。

达成交易的 5 个元素
1. 展示你的基本能力
2. 表明你与客户感同身受
3. 为客户挺身而出
4. 自抬身价
5. 让客户感到愧疚，将你对他本人的兴趣转化为他对你的义务

58. 没有人，只有人的感受

即便你通过批发商或零售商销售产品，最终产品还是被消费者购买。而消费者的购买法则是：购物过程始终是非理智的，因为人（不像电脑）并非全然（甚至远远不是）理性的。最终决定购买的是人们对产品的感受，而不是产品本身。

你周围有多少人在使用高乐氏漂白剂？为什么他们要买这个牌子？很可能你答不上来。真正的原因可能是，他们的父母使用高乐氏，所以他们也认为这个品牌肯定是最合适的。

其实高乐氏比其他含氯漂白剂贵很多。相对于其他产品，高乐氏根本不具备真正的优势，或者说其优势几乎可以忽略不计，只是漂白剂而已。然而，由于广告积累下来的惯性效应，人们世世代代都会购买高乐氏。如果我们不购买高乐氏，我们的白衣服就不够白？我们的孩子就会退学？我们的婚姻就可能会触礁？

正如作家 H.L. 门肯所说，“没有人愿意去捅破美国民众的低下智商这回事。”

消费品的品牌形象拥有巨大的力量。建立强大的品牌形象很难，但在建立起来之后，它们自身就会拥有强大的惯性。对于拥有强大品牌形象的对手，要击败他们是很困难的。因此，高乐氏、佳洁士、舒洁、Jell-O 和麦当劳在未来很长的时期里可一直保持其强势。帮宝适和好奇等新产品花小钱建立起了品牌，因为他们知道，一旦形成品牌，这个品牌会伴随他们很长的时间。

品牌是一种强大的竞争壁垒，新品牌要击败资深品牌会面临诸多风险，其原因在于，只有通过广告才能树立品牌形象，而广告是没有“折旧”的。

如果建造工厂或者投资产品，购买原料的成本是 100 万美元，如果竞争者打不开市场，通过处理存货并为工厂另寻其他用途（或买家），可以回收部分资金。但如果广告成本是 100 万美元（因为已有产品对新产品的品牌壁垒作用），而整个广告又不起作用，100 万美元就白费了，剩不下任何东西。因此消费品的品牌形象具有持久的效应：要打败它们很不容易，风险也太大。

我举办过很多研讨会。有一次，有个与会者说："品牌形象在面对消费者时有用，但如果销售对象是公司，就没用了。公司是理性买家。"

这是胡说八道。X 公司的买家也就是在家中购买高乐氏的那个人。你不妨告诉联邦快递或施乐，品牌形象对于商业市场没有价值，看看它们会做何反应。

事实上，我这样回答那个与会者：假定你我合作开办一个复印机公司，我们称之为"比尔和鲍勃复印机"。然后，假定我们去见施乐的首席执行官，跟他谈生意。我们给他 50 亿美元，换取施乐品牌商标的全部使用权。此后，他的公司和复印机必须叫"比尔和鲍勃"。他会接受这笔交易吗?

与会者想了几秒钟，说："我想不会。"于是我说："现在我们知道施乐品牌至少值 50 亿美元。"也许它的价值比这大得多。

在我读商学院时，有个市场营销教授说：“关于市场营销，你只需要知道一件事。你要卖给顾客的是9.525毫米（3/8英寸）的洞穴，而不是9.525毫米（3/8英寸）的钻头。”顾客不是购买产品，他们买的是满足感。在某个层面上，他们的需求是确实的，他们需要这个洞穴。更深入地说，他们的需求是精神上的：我希望朋友看见我开奥迪车，抽万宝路香烟，而我本人就像万宝路广告上的西部牛仔那么酷。孩子和我去看棒球赛，并告诉他的朋友，是“爸爸带我来的”。

在我的公司，我们总是在反复强调：卖洞穴，不卖钻头。任何人都能制造钻头。只有聪明、出色的销售人员才能高效地卖出“洞穴”。卖出“洞穴”，你就会拥有更多的顾客，产品价格也会更高。

59. 价格和推销用语要因客户而异

很多公司懒得定义它们的产品或服务，以及销售方式。它们一旦找到 1~2 个好主意，就试图用同一个方法来推销产品。

在很多行业，如果某个公司能较好地迎合不同的消费群体，则可以创造巨大的商机。你不仅要调整产品，还要调整销售方式、服务水平，以及你和每个人或消费群体打交道的方式。但很多公司在这方面做得不够。

服务行业尤其如此。在这个行业，市场调查和消费群体细分的精细程度远不如宝洁公司（P&G）所达到的那种水平。

假设有个忙碌的生意人在下班回家的路上，顺便到一个杂货店买东西。这是星期五的晚上，很多人在排队，他们必须等待 20 分钟才能付款。为什么不为那些赶时间的人安排“5% 附加费”的通道呢？如果他们买 40 美元的物品，只需要多付 2 美元，就可以在 3 分钟之内完事。

多收这 5% 的附加费，你就建立了一支忠实的消费群体。而那些承担不了 5% 额外成本的顾客或不赶时间的普通顾客可以通过一般通道等待付款。

如果你仔细想想，就会发现，日常生活中有很多这样的例子。拨打热线电话号码时，常常需要等待 10 或 15 分钟才有接线员接听，为什么不开通收费 75 美分、即刻接听的 900（收费电话）快速服务呢？

每个人都需要每天在家收发信件吗？如果有人愿意隔天收发信件，是否可以提供小额退税？（我敢保证，如果美国人知道信件投递频率减半以后会节省多少税费和邮费，那么国会将会因此立法，我们也会同意隔天收取各种账单。）

根据消费者的需要将服务细分，这将是个赚取利润的大商机。（只要问问联邦快递的初始投资人就能明白，他们是最早切分邮递业务的人。）

将服务对象分类所带来的盈利机会并不限于服务业。我曾经为某个大型石油公司的零售业务（加油站）负责人提供咨询服务，其客户细分之欠缺程度让我惊讶不已。工程师们负责制定市场决策。只要从 P&G 或菲利普·莫里斯公司抽调部分优秀市场人员，就可以教会他们如何吸引顾客和赚钱。苹果公司从百事可乐挖走约翰·斯卡利并让他担任首席执行官，就说明一个道理：懂顾客比懂电脑更加重要。

就连那些有几十年经验的消费品公司，尽管他们一再地细分消费者，但仍有许多未开发的商机。它们现在才开始考虑服务端细分问题——如何通过不同的渠道销售，为消费者提供哪些可选渠道，同一产品的不同支付方式和折扣方式以及如何切分产品本身等等。

拥有好的想法、产品或服务只是第一步。利润最大化意味着需要发挥创造性，针对每个潜在（有利可图）的消费群体，积极地调整你认为的好想法。

60. 检讨你的销售方式

我认为销售是一门科学，也鼓励员工这样想。我说它是科学，并不是因为它可量化或完全可确知。然而，不可量化并不意味着不需要仔细地研究销售过程：什么东西打动了客户？这通推销电话中哪些话起了作用？哪些话没有作用？哪些方面可以改进？人们为什么要买那些东西？

我询问和回答这些问题所采用的方法，就是反思我从不同供应商那里购买（或不购买）产品和服务的过程。我为什么选择那个地产中介或建筑师呢？我为什么拒绝书面资质更加优秀的其他人选呢？那个店面陈设或电视广告中有什么东西激发了我的购买冲动？那个销售员的哪些行为让满怀购物热情的我空手走出了店门？我每次询问和回答这类问题时都会学到某些销售知识，然后我会将其应用到我自己的公司。

研究大师们也有助于我们学习销售技能：罗纳德·里根、戈尔巴乔夫、比尔·克林顿、玛格丽特·撒切尔，或沙奎尔·奥尼尔、格雷格·诺曼、弗兰克·西纳特拉、麦当娜。其他人可能同样地善于思考、打高尔夫或唱歌，但上面这些人却获得了更大的成功，并广受欢迎。他们的哪些言行为他们带来了金钱或选票呢？我每次看见他们，都会观察他们的面部表情、言谈举止、说话方式、思维方式，并会吸收那些我认为有益于我的元素。

最大限度地增加销售额的关键在于，将销售过程看作某种外在的复杂过程，这个过程给你提供了无穷无尽的机会，让你不断地提升自己。你周围都是榜样：你要研究他们，向他们学习，借用和窃取他们的优点。要想让销售额再涨 20%，你就必须从这些人身上学习，而不是靠运气或学习凡夫俗子干事的方式。

每当我丢掉一笔生意时，我都会强迫自己思考失去它的真正原因。在哪个重要关头我提了不当的条件或说了错话？然后，我会下决心永远杜绝那样的错误。永远不犯错，你就不会走太远。但永远不犯同样的错误，你就会最大限度地强化你的能力，你的生意也会获得最大的成功。

61. 客户的嗅觉非常灵敏

我听说饥饿的鲨鱼能够嗅到百万滴水中的一滴血，并由此找到千里之外的食物，客户也是如此。让我来告诉你为什么。

你必须用各种方法告诉客户，如果他们从你的公司购买产品，他们不仅会感到满意，而且会收获惊喜。你可以通过多种方式传递这个信息：语言、语调、姿势或通信。（在我写给客户的很多信件中，我都会在快要结尾的地方写上这样的话："我保证，我们不仅能够满足您的需求，除此之外，我们会提供更多。"很多客户告诉我，"保证"这个词打动了他们。）

如果你表现出100%的信心，客户就会感到非常放心。如果你表现出95%的信心，他们就会开始焦虑。就像闻到血腥味的鲨鱼那样，客户会发现你最微小的迟疑，然后在心里放大上百倍，达成交易的机会就会迅速流失。

我的很多客户和潜在客户都住在城外，因此我会乘飞机去看他们。飞机降落的时候，我会拿出纸笔，写下我的“挥杆念头”（好的高尔夫球手都会在挥杆击球的时候，凝神于某些念头。不幸的是，对我来说，挥杆念头对销售的作用大于高尔夫）。我的挥杆念头从来都不是“要提醒他们产品有红色和绿色”或“10天付款给予2%的折扣，30天付款则无折扣”。我的挥杆念头始终是“不要表现出迟疑”“要确信我们是世界上最能满足他们需求的公司”以及“忘记你喉咙疼痛、昨晚只睡了4小时、工作上要救火等事情。要微笑、主动，让他在你身边感到快乐”。当万事俱备时，如果你对自己的产品或服务表现出全然的信心，这比对客户说任何话都更有用。

潜在客户会问你很多问题，你提供的每个答案都可能流露出迟疑。要集中注意力，不要迟疑，始终要自信满满。

《无因的反叛》可以跻身于有史以来最伟大的电影之列，它是詹姆斯·迪恩晚年的作品。迪恩扮演的青少年搬家了，他发现自己身处新的高中，周围是一群凶狠的小混混。这些孩子不断地欺凌和恐吓他，但他是个强壮的孩子，能够很好地应付这些情况。那些孩子决定在悬崖边赛车，以此来挑衅他。他们问："你会玩 chickie-run 吗？"他毫不犹豫地回答说："没问题。"他们走开后，迪恩向唯一的朋友萨尔·米诺求助，他问："什么是 chickie-run？"

当潜在客户询问你的公司是否能够满足这种或那种需求时，唯一正确的答案是："没问题。"在你离开客户的办公室之后，你有大量的时间可以研究如何满足那种需求。

62. 销售过程是向客户展示能力的最佳机会

我的对手们常常会花数个星期为大项目撰写提案（交给客户的详细标书）。这样做怎能向客户展示他们的效率、快速反应能力，以及服务客户需求的能力呢？

我很少违背下面这个原则。每当有客户当面或通过电话对我的服务表明兴趣的时候，我都会在当天或隔天通过快递寄送一份书面答复或提案。我的客户多次这样评价："真无法相信，你回应得这么迅速。单单凭着这点，我就可以了解你们的服务质量。"

无论你的推销过程是怎样的，你都必须：

- 迅速回应。
- 专业回应。
- 确保在推销期间，始终与客户进行高效的交流。
- 以不同方式表达您能够并愿意尽各种努力来满足客户的需求。

很多销售人员认为，产品或者逻辑清晰的提案本身就能促使交易成交。而事实上，对绝大多数客户来说，他们是否选择你作为供应商，其实取决于：你做了什么，以及做得如何。新客户做出判断的全部依据是：他们通过推销过程在你身上看到了什么。

推销过程是向客户展示能力的最佳时机。要抓牢这个机会。

63. 二次销售始于成交之时

无需赘言，在达成交易之后，你必须提供优质的产品和服务，并践行你的承诺。然而过度担心交货问题的企业家或销售人员只能取得有限的成功。

在达成首笔交易时，你的思维、精力以及与客户的互动，都应该集中于如何再次将产品或服务卖给这个客户。这并不是说要忽视交货事宜，而是说，交货方式要能够促进下次交易。

这里有着微妙但至关重要的差别。过分拘泥于满足客户要求、履行交货合同的人会满怀愧疚，在客户面前低声下气。他会露出破绽，让客户嗅到他的犹疑（见《61. 客户的嗅觉非常灵敏》）。他把标准设定得太低："如果我设法履行这个合同，不引起客户的严重不满，我就胜利了。"在打完这个胜仗以后，他就必须重新上路寻找新客户，以便达成下一笔生意。

相比之下，如果可以确保及时交货的同时，明白无论如何都不会出现任何问题，他就会展现出自信、称职、无所不能的态度。客户会觉得："既然他都不担心，我为什么要担心呢？"在这种情况下，客户和供应商之间的平衡点是不同的，客户会把供应商看成超人：认为供应商具有出色的能力，值得敬重和依赖。

然后，你只需要将客户对你的这种信心转化为更多的交易。从我做成首笔交易的时候起，我就会开始问：

- 我的公司里有没有能够让这个客户受益的其他产品或服务？
- 我应该通过哪些方式，直接或隐晦地向客户介绍这些产品或服务？
- 如何拉拢我与客户公司之间的关系，以达成其他交易？

如果你首先关注货物，在交货之后才关注二次销售，这就太迟了。至此，你已经没有太多机会与客户交流，因此也没有机会影响客户了。而且无论如何，很多顾客此时已经对你产生了牢固的印象。自信的销售人员在完成首次交易之时，就开始投入第二轮交易了。在销售领域，自信是自我实现的前奏。

64. 销售是设法引起别人注意的业务

有个销售公司采用这种方式招聘员工：在应聘者通过几轮面试，成为重点人选之后，公司会找个理由，让这个应聘者搭乘几小时的飞机，而旁边坐着的是他的雇主。

然后，决策过程就变得很简单：如果雇主希望飞行旅程赶快结束，公司就不会录取这个人。

这个例子可能有些极端，但拥有坚实的理论基础：我们每个人都会从我们喜欢的、有魅力的或至少令我们感兴趣的人那里购买东西。通过买他们的东西，我们就有理由与他们更多地相处。专业人士都知道，我们在心理上都渴望与富有魅力的人群相处。

显然，展现魅力并不是去做那些有损于你或客户的个人品质或道德的事情。但是，无论你喜欢与否，我们都是人，都会很快地喜欢或不喜欢我们所遇到的其他人。在成功的销售过程中，你需要向潜在客户施展各种魅力。

魅力指的是个人气质、举止、讨人喜欢的个性、幽默感以及对时局和世界大事的适当兴趣。它意味着成为良好的倾听者和讲述者。此外，它还意味着穿戴得体、身体健康并适当地打扮自己。

单靠魅力不能给你带来交易。但它是否有助于促成交易呢？（或缺乏吸引力是否会妨碍交易）绝对会。想想如何在保持自我个性的前提下尽量增加你在顾客面前的魅力。在你为公司招聘员工的时候，也应该考虑这个问题。

65. 要得越多，你得到的也越多

我年轻时(24岁)参加过一个为期4天的销售培训班。课后我只记住了一件事：会哭的孩子有奶吃。

我们绝大多数人很难践行这句话。我们有些害羞，不确信自己的技能，也不敢要求客户给我们很多钱。我们觉得自己不配得到这些；我们有何资格让客户认为，我们能够出色地满足他们的全部需求呢?

我们在日常交易中无数次表明，我们不愿意，也无法实践这个原则。你们有多少人对飞机上的食物不满，却从来都不索取更多的甜点、沙拉或其他你喜欢的餐点呢？只要你敢要，他们总会给你的。如果收银员疏忽了你，你会等他们打完电话或完成手头工作之后再结账，还是（通过口头或面部表情）要求他们马上为你提供服务，然后再做其他（不紧急的）工作呢?

你是否写过简短的便签，对你收到的账单提出过质疑？我会定期这样做，结果发现账单金额减少了2/3。在预约旅馆以后，只要你以得体的方式坚持要求降价或调换高档房间，你几乎都能成功。

总体来说，这都是些小例子，但你向客户推销产品或服务的价格或数量并不是小数目，所以人最简单的销售原则就是抬高要价：比你以前得到的更多，比客户的报价更高，比你认为应得的更多。只要采用聪明谨慎的方式，抬高要价会给你带来令人吃惊的好处，因为绝大多数人（客户也会如此）不愿意这样做。他们宁愿给你更多，也不愿克服他们自身的犹疑。

相反，你可以试试：如果你想要客户购买 X，那么就要求他买 X、Y 和 Z。拒绝 Y 和 Z 就会耗掉客户积攒起来的全部勇气：只购买 X 就像是绝大的解脱和胜利。在我的公司，首要的原则是：“要 5 得 2”。

要做好抬价的心理准备，关键是要克服自己对失败或被拒的恐惧。战胜自己对失败的恐惧的关键在于，重新定义任务内容，重新定义失败。

我告诉销售人员，如果他们将每次交易视为生死之战、胜败之争，他们就要准备好迎接沮丧的人生。因为对绝大多数人来说，失败比胜利多得多。相反，你必须拓宽“战役”的定义，将5次或10次、1个月或1年的战役视为1场战役。

在我的公司里，我们会追踪每个销售人员12个月内的动态平均销售额。换句话说，在过去12个月以内，某人的平均月销售额是多少？这12个月包含大约25次失败的销售尝试，以及很多次的成功。这个时期足够长，足以让人们关注他们的总体追踪记录，而不是每次电话销售的成败。关注整体，他们就会减少单次销售失败的担心，更敢于主动抬价。

有时候，我会对新销售人员说：“将10个电话当作1个电话。10次电话中有1次成功吗？如果有，那么你上个阶段的销售工作（10通电话）就是成功的。”

这种按阶段来看待成功和失败的尝试，是个颇有价值的心理游戏。在我的职业生涯早期，我一天中4次赚钱，2次丢钱，但我是个完美主义者，我为此感到愧疚。晚上，我回到家里，心中只想着那2次失败。后来，我的生意变得兴旺起来，我每天8次赚钱，4次丢钱。我回到家的时候，总是想着那4次失败，我比以前更加沮丧了！

后来，我学会了综观全局，在失败与成功之间寻找平衡。我因此能够开心地度过夜晚和周末。除此之外，我再也不过于担心客户拒绝，因而也敢于抬价了。结果，我取得了更大的成功，失败的次数也越来越少，因为我的自信给我带来了更多成功的交易。

下面，我们来谈谈如何优化你的产品和服务价格。

66. 价格——你定价太低

大多数公司本能地以收益、销售和业务量为导向。但他们并没有实现利润最大化。（尽管他们可能声称如此）其原因在于，他们为了达成交易并获得更多订单，定价太低。

定价的首要原则非常简单，但也经常被忽略，那就是确保你的要价是客户愿意支付的最高价格。

通过下面的简单步骤，可以找到获取巨大利润的机会。首先，列出 20 个大客户。（如果你销售的是大众消费品，列出最大的 20 个零售商或分销商。如果你想从顾客角度着手，那就列出最大的顾客群体。）

现在，针对每个顾客，问你自己："如果将价格提高 2%，我会失去这个顾客吗？"如果答案是"不"，试着提高 5%、8%、12% 和 15%。如果你如实地回答这个问题，你会发现，有些顾客无法接受涨价，而有的人能接受 5%、8%、12% 或 15% 的涨价。如果你一直未这样做，涨价的机会始终在等待着你呢，因为如果任由销售人员做出决定,全世界的销售团队都不会报出最高价格。他们太想达成交易，因此会告诉你：“涨价 2%、5% 或 8% 又怎样呢？收益微不足道。”答案是，对于利润率为 10%、15%，甚至 25% 的企业来说，这个涨价幅度会对企业利润产生巨大的影响。

当我与某个资产高达 20 亿美元的发动机制造商的首席执行官和销售副总裁合作的时候,我经历了这个过程。结果，他们整个生产线的平均价格上涨了 4.7%。我们从最大的 20 个客户入手，一路势如破竹，最终对最大的 65 个客户成功上调价格，他们构成公司总收入的 98%。在整个过程中，我们始终奉行的原则就是：“我们的目标不是让客户完全满意，而是要让利润最大化。”我和那个首席执行官合作了 3 年。在多年之后的发布会上，他告诉我，那句话是他从我这里学到的最重要的东西。

还有一个例子。与我合作的某个小公司的管理者 5 年来都没有上涨服务价格。当我催促她涨价时，她回答说：“但客户会生气。我上次涨价（5年前）不啻一场灾难。”

“5年前怎么了？”我问。

“真是一场灾难——我甚至都不想谈起。”

“引起多少客户的抱怨？”

“很多。”

“有多少？”

“大概10多个（总共150个）。”

“你真正失去了多少客户？”

“没有失去。他们都接受了涨价，仍然和我合作。但他们很生气。”

由于部分客户很生气，她在5年内没有涨价！

我们往往对客户的抱怨太过于敏感。然而，通过涨价能够获得巨额利润，所以要充分利用这个方法。

67. 先定价，再定产品和服务

多数人都会先确定销售内容，然后再制定尽可能高的价格。我则相反。

我最先做的（也是最重要的）事情是，弄清客户愿意支付的价格上限，然后根据这个消费水平来确定合适的产品或服务。这样，我就能从每个客户那里获取最高的价格和收益，并尽可能地提高公司的整体收入和利润率。

如果你们在大学期间学过“经济学 101”，可能会记得所谓的“客户剩余价值”。其观点是，不同的客户愿意为你的产品或服务支付不同的价钱。经济理论学家告诉我们，你之所以不愿意通过收取最低费用来获得所有客户，是因为你那样做就没有利润可言；你也不愿意收取最高价格，尽管那样会提高你的利润率，但你只有1个客户（愿意支付最高价格的那个客户）。因此，你会选择某个中间价格，放弃某些价格太低的客户，同时以低于可承受价格上限的价格，将产品出售给其他客户。该价值与最大值之差，就是“客户剩余价值”。

这可能是很棒的经济学理论，但却是很糟糕的生意经。（这就告诉你，为什么世界上没有富裕的经济学家。）

我在为其他公司提供咨询服务的时候，会帮助它们获取客户剩余价值，而不是客户本身。我们会弄清每个客户或客户群体愿意支付的价格，然后按照这个价格收费，再根据价格为各个客户或客户群体设计相应的产品或服务。

你可能会问：“如何确定客户愿意支付多少钱呢？”很好，请读下文。

68. 问客户：你愿意付多少钱

凡是我经手的每笔潜在交易，我都会要求客户报出其价格意向。

你可以采取多种方法做到这点。下面的方法几乎适用于所有客户。

你可以报出价格范围，并等客户做出回应。“我见过这种项目有出价 5 万美元的，10 万美元的，20 万美元的，这取决于具体标准。因此，为了避免让你我白费口舌，请说说你的预算标准是怎样的？”通常，客户会做出如下回复：“我们可以接受的价值在 5 万 ~10 万美元。”现在，你就更好地知道了这个客户的价格意向：可能是 8 万美元，也可能是 9.5 万美元。你可以将这个范围（8 万 ~9.5 万美元）再缩小，以便更清楚地了解他的价格意向，并等待他们做出回应，或者，首先推销 8 万美元的产品，然后再试着推销另外 1.5 万美元的其他什么东西。

第二种方法是合作法，有许多大公司就是这样建立起供货—客户关系的。在这种方法中，我会直接告诉客户我在做什么。

“对我来说，猜测你的价格意向并据此定价是行不通的。如果我要价太高，我们根本就做不成生意，双方都会吃亏。如果我要价太低，你就买不到你真正喜欢和需要的产品。我们的利益是一致的，需要彼此合作。对你来说,更直截了当的做法就是告诉我你打算付多少钱，然后我再按照那个价格为你供货。必要时我们可以调整价格。”

还有其他不同的方法和方法组合，但它们实质上都是相同的。轻松地要求客户报出价格，学会不要自己报出产品和服务的价格。记住下列人类行为学的特点：永远不要低估直接提问的威力。如果你直接提问，语气也很坚决，大多数人都会不由自主地照实回答你。

沉默可以成为极其有效的谈判工具。记住这个谈判原则：“在报出价格以后，首先开口的那方就会输掉谈判。”当你要求客户报价时，客户可能会犹豫不决、支支吾吾或含糊其辞，此时只管保持沉默。不要试图帮助客户摆脱尴尬的局面。不要说任何话。你的沉默表明了你的信心和决心。更重要的是，沉默会迫使对方开口。如果你保持沉默，10 秒、20 秒或 30 秒以后，客户最终会报出价格。

69. 价格倾斜——捕获客户的剩余价值

我经常下榻的某家酒店每晚收费 129 美元，但是他们也提供面向企业客户的商务楼层，每晚却收取 250 美元。这多出的 121 美元是为了什么呢？多 1 份免费的报纸和 1 份未加热的欧式早餐！加上人工成本，旅馆的全部额外成本不到 5 美元。这真够划算的。

尽管商务楼层的价格贵，却总是客满。原来许多商务出差人士不用自掏腰包付款（而他们公司的股东们则会），因此他们并不在乎价格。他们下意识地认为，他们没花任何代价就得到了 1 份报纸和早餐，这是很划算的交易。

该酒店还有第三种选择。任何富有闯劲并经验丰富的秘书或旅行代理人都可以打来电话，要求以 129 美元的普通房间（非商务间）价格住宿商务楼层（并提醒酒店她 / 他经常送旅客到这座城市），然后他们就能得到商务间。酒店经理会思量，为何不让他们住呢？（除非商务间已经被订满）不管怎么说，那份报纸和早餐只花掉我很少的成本。

前几天，派送早餐的服务员在离开我的房间时，不小心将旅客名单和住宿费清单落在了桌子上。原来，我们这些住在楼上的旅客，少则支付 89 美元，多则支付 250 美元。唯一的差别是这家酒店拿到了一个好价钱。

这个价格倾斜的例子表明在制定定价时一定要考虑：在我的产品线中，我如何创造相对较小但看上去很大的价格差异，从而让每个消费群体按照他愿意支付的最高价格来付款，也就是说，获取客户“剩余价值”？

这样的例子在我们的身边比比皆是。上午 10:30 送到的快递比下午 3:00 送到的更贵。超高级汽油、高级汽油与普通无铅汽油的价格差异（你当真认为它们存在那么大的差别吗？）；快速干洗服务与普通的 3 日取干洗服务的不同价格（可以试着说你只能支付普通干洗服务的价格，但确实急需。这每次都管用）；各种型号和不同价格的苹果电脑。我对我的朋友和邻居们做过一个统计，许多人喜欢买最贵的电脑，但很少有人真正知道产品的区别在哪里，也不会考虑额外花的金钱是否值得。航空公司（价格倾斜高手）的机票价格有十几种，你能买到什么票价，完全看你是否聪明，是否有攻击性。

价格倾斜是面向大众市场的，而“要客户报出价格意向”则是面向商业或工业市场。不管采用哪种方法，其目标都是为了让客户根据他愿意支付的最高价格来付款。这会大大地影响利润。

70. 关键——拿到可能的最高价格但又不失去任何客户

经验丰富的商人都会尽可能高价出售产品或服务但又不失去任何一个客户。这些人开的价格，往往是客户愿意支付或能够支付的。

在直接和客户谈价格时，说话要小心谨慎，保持分寸。要尽量将价格抬高，但不是发出最后通牒，迫使客户接受或拒绝。相反，在询问客户是否愿意购买并愿意支付多高的价格时，要始终让客户只能回答“愿意”或者“愿意，但要价格低点才行”。这样，你就不会失去任何一个客户了。

我会这样说：“根据我们讨论的结果，我觉得价格应该在 2 万 ~3 万美元。如果你真心想买，我会以 2 万美元卖给你，因为我想和你做生意，但如果我是你的话，我会付 3 万美元，这绝对是值得的。”客户可能会对这种话做出好几种答复，但没有任何客户会直接拒绝，这样，你就给自己留下了周旋的余地，并尽量以高价卖给客户。

71. 谈价格时保持尊严

我的公司在伦敦有个办事处，我在英国做过多年的企业顾问。我从英国人那里学到的最有价值的东西是，谈价时要保持商人应有的尊严。

谈价时采取的态度应该是话不多、很专业、实事求是。“哦，这是有关其价格的部分数据，但你我真正关心的是提供专业的优质产品和服务。我们其实并不愿意像小摊上的人们那样讨价还价，对吧？”

如果同时采取“让客户报出价格意向”的方法，那么，这种显得为难而体面的态度会非常有效。你为难的态度为你提供了保持沉默（见“68. 问客户：你愿意付多少钱”）的大好借口，客户通常会敞开心扉，坦言他/她愿意付多少钱，而不会率先有失体面地讨价还价。如果你占据了优势，他/她就会被你牵着鼻子走。

保持尊严所得到的必然结果，就是在交易过程中尽可能推迟报价。如果客户不谈价格，就不要谈到价格。

如果你首先谈到价格，这就表明你对价格感到紧张不安。你不谈价格就表明你对自己的产品很有信心，这样，客户就会给你一个好价钱。

72. 记住——价格与成本无关

我在哈佛商学院读书的时候，有一天傍晚，教授让我们阅读、分析某个案例。某个浴室器件生产商有三种不同的产品，他需要为每种产品定价。老师发给我们十几页的成本数据表，那个晚上，我们有半数的时间都在试图确定不同的成本分摊方案，以便为这三种产品确定各自的合理价格。

第二天早上 8:30，教授走进来，要求我们逐个介绍自己的定价方案。然后，众多学生进行了长达 90 分钟的辩论，确定哪种成本分摊方案能够最合理地计算出"真实"成本，以便确定出售价格。教授安静地听着大家的辩论。

在快要下课时，教授清了清嗓子，开口说话了："你们每个人都错了。当你定价时，绝不要关注成本。市场愿意出什么价，你就定什么价。"说完他就离开了教室。

就单一课程来说，这堂课对我和客户都是最棒的。

73. 市场营销是战略性成本——无论生意好坏，营销费用都要超过竞争对手

在生意场上最大的忌讳之一是只专注于收入，在市场营销上花费不足。正如前文提到的，优秀的商人会区分战略性成本和非战略性成本。他会竭尽所能降低非战略性成本，以便使利润最大化，并腾出更多资金用于营销和其他战略性成本开销。就销售收入的百分比来说，最成功和最赚钱的企业的营销开支都远远超过其竞争对手。

所有的企业都有走下坡路的时候。此时，它们常常会设法削减成本，而他们首先削减的往往是营销成本，因为这最容易做到。“让我们从这个地方削减成本吧，”某个高级主管曾经告诉我，“因为少花钱给广告公司比让公司裁员更容易些。”

没有比这更可怕的了。营销成本是战略性支出，而战略性支出是保障公司长期运转的血液。无论公司的经

营状况如何，都必须维持公司的营销开支。公司处境艰难时，可以削减所有其他的成本，但绝对不能削减营销成本。

74. 敢于使用猎枪

许多公司对新客户的开发往往眼光太窄。“我为何做这个广告呢？90% 的人都不会购买。”但是，通常这 10% 就是让公司花钱营销的好理由。良好的营销通常需要使用猎枪，而不是小手枪。

为你的公司算一笔账，看看猎枪能带来多大的回报。我的公司每个月会发送 10 000 封（营销）邮件，99.9% 的邮件会被扔掉。然而，0.1% 的新客户所产生的收益，超过了 99.9% 的邮件的成本。

顺便要说的是，这种方法也适合于你或你的孩子找工作。我有个亲戚从商学院毕业，想在华盛顿哥伦比亚特区工作。他给 3~4 个最有吸引力的公司发了求职信。

我告诉他：“你必须将网撒得更广些。你怎么知道人家对你没兴趣。”我们找来了市区 200 个最大企业的名单列表，然后向每个公司挨个发了求职信和简历。（在文字处理软件时代，发送 200 封求职信并不需要花很多时间或成本）15 个公司做出了回应，8 个公司面试了他，其中 4 个公司同意聘用他。根据这个概率来计算，发 3~4 封信不可能起作用。

大多数企业都会犯这种错误。如果你有好东西出售，只要有利可图，那就尽量向各种地区、渠道和类型的客户推销它。首先算一笔账，然后尽量将网撒开，只盯住那些会购买的人群，不要在乎谁不会买。

75. 投资你的销售团队——没有什么投资会比这得到更大的回报

关于销售，存在两种不同的理论。一种理论认为，每种产品具有特定大小的市场，产品的属性和用户需求决定了这个市场的大小。

另一种理论则认为，这要看销售人员的本事。每个人员都有内在（受到金钱刺激）的销售需求，会大街小巷地转，和潜在客户吃饭，兜售并完成交易。不管产品和市场如何，你雇佣的销售人员越多，销售量就越大。

两种理论显然都有其道理，但是，根据我的经验，第二种理论更容易被忽略。大多数公司对销售的投入不够，从而损害了公司的收入和利润。

什么是销售投入？

（1）确保你有足够的销售人员（见上述的第二种理论）。

（2）确保销售人员在与客户拓展业务，而不是在处理行政管理工作和其他事情。

某个大型电脑公司曾经聘请我解决销售问题：销售额总是达不到预期。

我搜集了好几份数据。这个公司的销售人员平均花30% 的时间来与客户洽谈生意，而其竞争对手的销售人员则花 90% 的时间来做同样的事情。这个公司的销售人员每年和客户见面两次，要求他们购买更多产品。而其竞争对手的销售人员（平均）每年和客户见面 21 次：其中有 2 次是要求客户购买更多产品，而剩余 19 次则是了解客户是否需要任何软件帮助，以及服务质量是否可靠，或是否需要向老板汇报什么信息。毫无疑问，这个客户会将大部分业务交给其竞争对手！

（3）雇用足够多的低薪办事员来帮助销售人员。这能让销售人员腾出时间来与客户打交道。

上述例子中的情况是这样的：在这个公司中，每 3 名销售人员配备 1 名协助人员。而其竞争对手却是，每 1 名销售人员配备 2 名协助人员。由于这个公司的销售人员忙碌于其他事情，所以无法给予客户所需要的服务。

（4）根据利润（而不是销售量）给销售人员支付薪酬。

我为某个医疗产品公司提供咨询服务，该公司改变了其佣金制度，不再按销售量，而是按销售毛利（销售人员根据其出售产品的总毛利而受到奖励，而不是根据其销售金额）支付薪水。在 1 个月以内，高利润的产品销量增长了 28%，而低利润的产品销量则下降了 26%。结果总体利润上涨了 50%。

（5）雇用了解销售和盈利技能的销售人员，而不是"了解产品"的销售人员。真正懂得销售技能的员工非常宝贵，相比之下，任何人都有能力了解产品线。

（6）注重销售培训，关注真正的营销和盈利技能，而不仅仅是产品。

大多数公司每年都培训销售人员，但往往只注重产品生产线的培训。销售培训应该侧重于推销与如何高价出售之间的微妙之处。你会从员工那里获得这样的反馈意见：“确实受益匪浅，这是我们获得的最好的培训。”

另外，邀请你敬重的 3 个公司（如果和你所属行业不同也没关系，因为销售都是相通的！）的顶尖销售人员给你的销售团队做演讲。你的销售人员会全盘接受它们，其效果会在销售业绩中表现出来。

对很多企业来说，销售人员是最重要的资产，他们比工厂中的砖块、石灰浆和机器重要。然而，我们会花数百万美元来维持工厂的运行，却吝于支持销售团队。这就是“丢了西瓜捡芝麻”。

记住，要区分战略性成本和非战略性成本。要想让利润翻倍，就要充分支持前者，并将后者缩减到最低限度。

第五部分

我的一点忠告

76. 要顽固不化

由于许多管理人员在思维方式上很难接受本书中的许多建议，所以我不给你几句忠告就草草结束本书，那是不负责任。那么要怎样才能养成让利润翻倍的思维方式呢？

我的第一个忠告是顽固不化。

我曾经问过某个最成功的商人，他成功的个人秘诀是什么？他非常聪明，富有魅力，真诚并具有很好的直觉，我以为他会将其成功归因于1~2个这样的因素。

然而，他却说："我很顽固。""你说什么？"我问道。"我很顽固。我知道我所追求的目标。我知道实现它的办法，并且我坚信这一点，任何人或事都无法妨碍我实现这个目标。"

我向另外某个非常成功的人士问过同样的问题，他在许多业务领域都取得了成功。"人们认为我反复无常，因为我不断地改变兴趣和目标，"他回答说，"但是，在我所做的每件事情上，我相信我几乎比所有人都更有决心，我会设法找出从某个事情中赚钱的方法。”

这两个人都谈到了固执和决心，这是我所认识的成功商人的特征。他们拒绝“不”，不惧前行路上的障碍，坚持不懈克服那些不利因素。他们敢作敢为，相信难点的附近就是成功或越过难点就是成功。他们完全相信自己，任何人都无法阻止他们实现自己的目标。

在生意场中，很多人在做决定时都举棋不定，想要竭力找到他们真正信奉的原则。如果你能找到自己的原则并坚持它们，你就具备了自然竞争的优势，不管你的技能、经验和知识如何，你都能在大多数交锋中获胜。如果利润对你很重要，这本书就为你提供了值得你信奉的成套原则。

77. 保持乐观的工作态度

本书所推荐的方法要求你公正、灵活以及具有吸引他人的能力，其中没有一条是靠工作狂就能实现的。我建议你严格设定自己的工作或休息时间,然后遵守它们。更重要的是，你不能将工作看得过重，你生命中真正重要的东西是：你的家庭、你的朋友，或你最喜爱的再创造活动。

根据我的经验，生命中更重要东西的是：①具有高效工作所需的积极心态；②把生意视作游戏，并努力把它玩好的乐观、超然的态度。如果想在生意场中获胜并实现本书所讨论的目标，你需要平衡众多微妙的变化因素：知道何时应用什么原则，何种情形运用何种策略，何时对哪个雇员、顾客或供应商采用怀柔政策或强硬态度。这并非数学、会计学或科学，它没有正确的“决定性”答案。相反，它充满了无穷的可变性，它是松散地建立在大量规则上的游戏，你需要运用你的直觉来灵活应对它。

完全为了工作而活的人难以将工作视为游戏，因为它是他/她的生命。因此他们很难做出平衡和取舍，会变得太死板、太患得患失。生活比工作更重要，它会赋予你超脱感，让你充满自信、平和、聪明，而这些又使你成为真正的赢家。

这可能是世界上最伟大的逻辑，但我发现，你越是将生活的重心放在工作之外的事务上，你就越能赚到更多的钱。如果有人按小时向你付费，这种说法当然不成立。一旦你成了能赚取高利润的企业家或管理人员，这种说法绝对正确。

78. 给自己施加压力，并乐在其中

世界上最失意的人莫过于那些知道自己已经走到尽头却找不到任何挑战的人。

工作和本书主题（利润最大化）所带来的好处在于，这个过程充满变数，要求你精益求精，以致你永远不可能达到终点，你永远可以做到更好。

然而，只有聪明和健康的思维方式，才能享受这种永无止境的过程。人们往往难于克服沾沾自喜的感觉。（如“我已经完成了工作，这门课程我得了 A”。）

我总是不停地努力，试图改变自己，以便达到更高的境界，并从中获得乐趣。但反过来又要求自己进行更高地自我审视，对审视结果产生新的愿望，对自己有新要求。我哪方面做得很好？哪方面能做得更好？影响我成功的障碍有哪些？如何克服它们？根据我的经验，无法关注自身、无法真正自我审视的管理人员通常只能取得有限的成功。如果你无法自我审视，又怎能拓展和改

变自己呢？如果你无法改变自己，又怎能达到新的水平呢？自我审视的能力是我招聘时看重的关键能力之一。

本节的个人忠告看似与前两节所讲的矛盾：要顽固不化，但要愿意改变自己；要努力，但不要将工作看得过重。

然而，我的建议并非自相矛盾的。首先，你要知道除了工作之外你还想要什么（也就是说，不要将工作看得过重），并知道你在工作中想要什么（顽固不化）。将生意看作游戏并保持良好的洒脱心态。如果你希望这个游戏始终具有挑战性，始终具有新鲜感，那就永远不要感到满足，而要始终力求更加完美：不是因为它关乎生死，而是因为这样会使这个游戏变得有趣。要在游戏中找到乐趣，然后你就会变得更加擅长此道。擅长此道以后，你的利润就会翻倍。

让利润翻倍并不是什么高深的科学，它仅仅关乎你的决心。如果你拥有这种决心，并从中感受到乐趣，你就能取得为数不多的人才能取得的成就。我希望这本书能够很好地帮助你实现你的目标。

最后祝你万事如意。当然如果你需要更多帮助，我也愿意为你效劳。